MEDIDAS PROVISÓRIAS NO BRASIL
ORIGEM, EVOLUÇÃO E PERSPECTIVAS

JOSÉ ALFREDO BARACHO JÚNIOR
EDUARDO MARTINS DE LIMA
Coordenadores

MEDIDAS PROVISÓRIAS NO BRASIL
ORIGEM, EVOLUÇÃO E PERSPECTIVAS

Belo Horizonte

2013

© 2013 Editora Fórum Ltda.

É proibida a reprodução total ou parcial desta obra, por qualquer meio eletrônico, inclusive por processos xerográficos, sem autorização expressa do Editor.

Conselho Editorial

Adilson Abreu Dallari
Alécia Paolucci Nogueira Bicalho
Alexandre Coutinho Pagliarini
André Ramos Tavares
Carlos Ayres Britto
Carlos Mário da Silva Velloso
Cármen Lúcia Antunes Rocha
Cesar Augusto Guimarães Pereira
Clovis Beznos
Cristiana Fortini
Dinorá Adelaide Musetti Grotti
Diogo de Figueiredo Moreira Neto
Egon Bockmann Moreira
Emerson Gabardo
Fabrício Motta
Fernando Rossi

Flávio Henrique Unes Pereira
Floriano de Azevedo Marques Neto
Gustavo Justino de Oliveira
Inês Virgínia Prado Soares
Jorge Ulisses Jacoby Fernandes
Juarez Freitas
Luciano Ferraz
Lúcio Delfino
Marcia Carla Pereira Ribeiro
Márcio Cammarosano
Maria Sylvia Zanella Di Pietro
Ney José de Freitas
Oswaldo Othon de Pontes Saraiva Filho
Paulo Modesto
Romeu Felipe Bacellar Filho
Sérgio Guerra

Luís Cláudio Rodrigues Ferreira
Presidente e Editor

Supervisão editorial: Marcelo Belico
Revisão: Leonardo Eustáquio Siqueira Araújo
Bibliotecário: Ricardo Neto – CRB 2752 – 6ª Região
Capa, projeto gráfico: Walter Santos
Diagramação: Reginaldo César de Sousa Pedrosa

Av. Afonso Pena, 2770 – 16º andar – Funcionários – CEP 30130-007
Belo Horizonte – Minas Gerais – Tel.: (31) 2121.4900 / 2121.4949
www.editoraforum.com.br – editoraforum@editoraforum.com.br

M489   Medidas Provisórias no Brasil: origem, evolução e perspectivas / Coordenadores José Alfredo de Oliveira Baracho Júnior ; Eduardo Martins de Lima. – Belo Horizonte : Fórum, 2013.

181 p.
ISBN 978-85-7700-798-1

1. Direito constitucional. 2. Direito público. 3. Sociologia. I. Baracho Júnior, José Alfredo de Oliveira. II. Lima, Eduardo Martins de.

CDD: 341.2
CDU: 342

Informação bibliográfica deste livro, conforme a NBR 6023:2002 da Associação Brasileira de Normas Técnicas (ABNT):

BARACHO JÚNIOR, José Alfredo de Oliveira; LIMA, Eduardo Martins de (Coord.). *Medidas Provisórias no Brasil*: origem, evolução e perspectivas. Belo Horizonte: Fórum, 2013. 181 p. ISBN 978-85-7700-798-1.

SUMÁRIO

APRESENTAÇÃO 7

CAPÍTULO 1
O PRINCÍPIO DA SEPARAÇÃO DE PODERES E ATUAÇÃO DO PODER EXECUTIVO NO PROCESSO CONSTITUINTE
José Alfredo Baracho Júnior 13
1.1   O princípio da separação de poderes 13
1.2   Constituições brasileiras sob a ótica da separação dos Poderes 24
1.2.1   A Constituição de 1824 25
1.2.2   A Constituição de 1891 25
1.2.3   A Constituição de 1934 26
1.2.4   A Constituição de 1937 27
1.2.5   A Constituição de 1946 28
1.2.6   A Constituição de 1967 29
1.2.7   A Constituição de 1988 30
1.3   A atuação legislativa do Poder Executivo no processo constituinte ... 33
1.4   A separação de Poderes e o sistema de "freios e contrapesos":
        princípio da Constituição da República do Brasil de 1988 46

CAPÍTULO 2
MEDIDAS PROVISÓRIAS E SISTEMAS DE CONTROLE
Eduardo Martins de Lima, Virgínia Silame Maranhão Lima 49
        Introdução 49
2.1   Gênese e natureza jurídica da medida provisória 50
2.2   O Supremo Tribunal Federal e as medidas provisórias 60
2.2.1   Da Constituição da República de 1988 até a Emenda
2.2.2   Decisões após a Emenda Constitucional nº 32/2001 68
2.3   Controle dos pressupostos constitucionais de relevância e
        urgência pelo STF 74
2.4   O Congresso Nacional e as medidas provisórias 84
2.4.1   A Emenda Constitucional nº 32/2001 86
2.4.1.1 A edição de medidas provisórias após a Emenda Constitucional
        nº 32/2001 91
2.4.2   Trancamento da pauta 95
2.5   Novos projetos de emendas constitucionais sobre medida
        provisória 97
        Considerações finais 98
        Referências 99

CAPÍTULO 3
O PROCESSO LEGISLATIVO E AS RELAÇÕES ENTRE
EXECUTIVO E LEGISLATIVO NO BRASIL
Eduardo Martins de Lima, Matheus Faria Carneiro 101
    Introdução 101
3.1   O processo legislativo no Brasil 101
3.2   O Executivo e sua função atípica legiferante 109
3.3   A organização do Estado federal brasileiro e a repartição de
    competências entre os entes federativos 114
3.4   Traços institucionais gerais do período pós-Constituição de 1988 ... 120
3.5   A relação entre os poderes Executivo e Legislativo e a produção
    legislativa 126
    Considerações finais 134
    Referências 135

CONSIDERAÇÕES FINAIS 139

ANEXOS
ANEXO A – PARECER SAULO RAMOS (SR-92), CONSULTOR-GERAL
DA REPÚBLICA, DE 21.06.1989 147
ANEXO B – RESOLUÇÃO Nº 1 DE 1989-CN 175
ANEXO C – RESOLUÇÃO Nº 2 DE 1989-CN 179

SOBRE OS AUTORES 181

APRESENTAÇÃO

A partir da análise sistemática da doutrina — tanto em Direito como em Ciência Política — pode-se identificar um razoável consenso em torno da tese de que o Poder Legislativo não deve atuar sem algum tipo de delegação de autoridade ao Chefe do Poder Executivo.

A delegação de poder para o Chefe do Executivo pode se dar com a liberdade para produção e apresentação de propostas legislativas, nas condições especiais para aprovação de matérias no Legislativo e concessão de recursos para implementação de políticas. Em qualquer que seja a área, os legisladores estão reduzindo suas prerrogativas na qualidade de propositores, avaliadores e/ou fiscalizadores.

O objetivo deste livro é investigar dentre os denominados poderes proativos o de edição de ato normativo que tenha força de lei a partir da assinatura do Presidente da República; nesse caso, o da edição de Medidas Provisórias no Brasil, que exige que o Legislativo a aprecie somente *a posteriori*.

A medida provisória é uma espécie de ato normativo primário excepcional no sistema constitucional brasileiro, face aos mecanismos ordinários do processo legislativo, estando condicionado o exercício da competência presidencial para sua edição aos pressupostos de relevância e urgência, de acordo com o art. 62, *caput*, da Constituição de 1988, e limitada, assim, sua utilização a casos que demandem imediato enfrentamento por parte do Poder Executivo Federal.

O Congresso Nacional editou as Resoluções nºs 1 e 2, em 1989 (que vigoraram até 2001), com o objetivo de regulamentar o processo legislativo das medidas provisórias. Inicialmente é realizado o juízo de admissibilidade, o que significa que a medida provisória é analisada pela Comissão Mista Especial constituída para sua apreciação, bem como pelo plenário das duas Casas do Congresso Nacional, considerando os pressupostos da relevância e urgência. Na sequência, a medida provisória é analisada quanto ao seu mérito. Como a medida provisória faz parte integrante do processo legislativo, de acordo com o art. 59 da Constituição, são admitidas, inclusive, emendas parlamentares.

Em tese, a medida provisória pode ser aprovada *in totum*, ou submetida a alterações parciais ou, ainda, rejeitada expressa ou tacitamente. Assim, o Congresso Nacional tem poderes para alterar substantivamente uma medida provisória ou até mesmo rejeitá-la; mas de um modo geral, a sua taxa de aprovação é bastante elevada desde o início da sua utilização. Taxa de aprovação que, a nosso ver, deve ser interpretada como resultado do denominado "presidencialismo de coalizão" (ABRANCHES, 1988; ABRÚCIO, 1998, 1999).

Em 1995, o Congresso Nacional, por meio das Emendas Constitucionais nºs 6 e 7, acresceu ao texto constitucional o art. 246, que vedava a adoção de medida provisória na regulamentação de artigo da Constituição cuja redação tenha sido alterada por meio de emenda promulgada a partir de 1995.

Adiante, com a Emenda Constitucional nº 32, de 11 de setembro de 2001, foram mantidos os pressupostos constitucionais de relevância e urgência para sua edição pelo presidente da República; contudo, e isso é uma diferença em relação ao texto original da Constituição de 1988, buscou-se restringir o âmbito material das medidas provisórias e acelerar o processo legislativo quando da sua tramitação na Câmara dos Deputados e no Senado Federal. Ademais e com o objetivo de regulamentar a tramitação das medidas provisórias no Legislativo, o Congresso Nacional editou a Resolução nº 1, em 2002.

A Constituição estabelece que a medida provisória só pode ser adotada em casos de relevância e urgência, mas, na prática, o Executivo tem usado indiscriminadamente desse dispositivo em assuntos do dia a dia do governo e da administração do Estado, o que revela certa ineficácia das normas constitucionais que limitam sua adoção — problema recorrentemente apontado pela doutrina constitucional.

Há dois instrumentos legais que estão relacionados ao uso da medida provisória: a Lei Complementar nº 95, de 26 de fevereiro de 1998, e o Decreto nº 2.954, de 29 de janeiro de 1999. O primeiro dispõe sobre a elaboração, a redação, a alteração e a consolidação das leis, conforme determina o parágrafo único do art. 59 da Constituição, e estabelece normas para a consolidação das leis e outros atos normativos — o que inclui a edição de medida provisória. O segundo, o Decreto nº 2.954, estabelece regras para a redação de atos normativos de competência do Poder Executivo e, no que tange à medida provisória, dispõe as condições para a sua edição, forma de encaminhamento, propostas de alteração de media provisória em vigor, bem como estipula as questões a serem analisadas na sua elaboração.

A propósito desse Decreto, Ives Gandra da Silva Martins Filho observa que:

> Com efeito, o referido decreto visou conter, dentro do próprio Executivo, a multiplicação de medidas provisórias. Os ministérios devem enviar à Presidência projetos de lei, e não projetos de medidas provisórias. Só excepcionalmente, depois de uma ponderada avaliação e se urgente a matéria, poderá ser adotada a via da medida provisória. (As medidas provisórias, *Folha de S.Paulo*, 16 de novembro de 2000)

O Presidente tem editado medidas provisórias nas áreas: econômica (planos de estabilização), administrativa (reestruturação do aparelho de Estado e da Administração Pública, matéria orçamentária e, até, matéria tributária), social (reajustes de mensalidades escolares, aluguéis, gestão e operação de fundos, por exemplo), política e, até, em homenagem a personalidades (conforme FIGUEIREDO; LIMONGI, 1999). Embora em princípio e de um modo geral vinculadas a planos econômicos, as medidas provisórias ampliaram significativamente o âmbito de atuação unilateral do Executivo.

A Constituição vigente consagra, saliente-se, os princípios da legalidade administrativa (art. 37, *caput*) e da inafastabilidade do controle jurisdicional (art. 5º, XXXV), dos quais decorre o dever do Poder Judiciário assegurar, quando provocado, que as competências públicas não sejam utilizadas arbitrariamente.

O Poder Judiciário, por sua vez, parece inibir-se no controle desses atos do Poder Executivo, quando o Supremo Tribunal Federal (STF) chegou a expressar em decisões que sua competência para declarar inconstitucional medida provisória, por ausência dos pressupostos necessários à sua edição, seria bastante restrita.

O STF argumentava, sob a vigência das Constituições anteriores, que a apreciação dos pressupostos de edição dos decretos-lei (urgência e interesse público relevante), envolveria uma "questão meramente política" e, sendo assim, tais pressupostos não seriam objeto de controle pelo Poder Judiciário.

Todavia, essa linha esboçada pelo Supremo Tribunal Federal teve na Ação Direta de Inconstitucionalidade nº 162-1, que tratou sobre prisão temporária, julgada em 14 de dezembro de 1989, tendo como Relator o Ministro Moreira Alves, um marco histórico da evolução dessa jurisprudência.

A partir desse *leading case* (ADI nº 162-1), o STF decidiu por somente admitir o controle daqueles pressupostos nas hipóteses de excesso de poder de legislar, frente a abuso do juízo discricionário de valor e de oportunidade do Presidente da República consignando, pela primeira vez, a doutrina denominada de abuso do poder nesta seara.

Com o tempo, o entendimento que acabou prevalecendo foi no sentido de que os pressupostos de relevância e urgência têm caráter político e são de apreciação discricionária do Presidente, somente cabendo sua análise pelo Poder Judiciário em excepcionais situações de abuso de poder. Fica clara a nova postura adotada pelo STF em relação à averiguação dos pressupostos constitucionais de relevância e urgência à expedição de medidas provisórias dizendo se tais requisitos estão presentes ou não.

De toda forma, o que se pode constatar, apesar da mudança de paradigma, é que são poucos os casos em que o STF, quando provocado, decidiu pela inconstitucionalidade de medidas provisórias.

É interesse deste livro[1] analisar, num primeiro momento (capítulo 1), a doutrina da separação de poderes e a atuação legislativa do Poder Executivo no processo constituinte de 1988, quando a mudança da situação de hipertrofia desse poder foi objeto de debates e deliberações ao longo da elaboração da nova Constituição da República.

Num segundo momento (capítulo 2), o foco principal são as medidas provisórias e os sistemas de controle. O propósito é analisar como o Poder Judiciário e o Poder Legislativo se comportaram frente à introdução do instituto da medida provisória no ordenamento jurídico brasileiro.

---

[1] Este livro é um dos resultados do desenvolvimento de três pesquisas realizadas na Universidade FUMEC: 1. *A jurisdição constitucional e as medidas provisórias*, desenvolvida entre março de 2004 e fevereiro de 2005, tendo como equipe os professores José Alfredo de Oliveira Baracho Júnior (Coordenador), Eduardo Martins de Lima, Fernando Gonzaga Jayme e Magda Chamon e pelos bolsistas de iniciação científica, os então estudantes Andrea Perez de Lima Netto, Andrezza Nazareth Feltre, Matheus Faria Carneiro, Maria Mathilde Rabelo de Araújo Abreu, Rafaela Cristiane Pereira de Araújo e Virgínia Silame Maranhão Lima; 2. *O controle de relevância e urgência nas medidas provisórias através do Supremo Tribunal Federal*, desenvolvida entre março de 2005 e fevereiro de 2006, tendo como equipe os professores José Alfredo de Oliveira Baracho Júnior (coordenador), Eduardo Martins de Lima, Fernando Gonzaga Jayme e Magda Chamon, pelos bolsistas de iniciação científica, os então estudantes Andrea Perez de Lima Netto, Andrezza Nazareth Feltre, Matheus Faria Carneiro, Rafaela Cristiane Pereira de Araújo e Virgínia Silame Maranhão Lima e pela bolsista de mestrado, a estudante Paula Oliveira e Maia; e 3. *Sob a ótica da delegação política: um estudo exploratório sobre as medidas provisórias nos estados de Santa Catarina, Acre, Tocantins, Piauí e Paraíba*, desenvolvida entre março de 2006 e fevereiro de 2007, tendo como equipe o professor Eduardo Martins de Lima (coordenador) e pelos bolsistas de iniciação científica, os então estudantes Matheus Carneiro Faria e Juliana Marinho de Oliveira. As pesquisas integraram o Programa de Pesquisa e Iniciação Científica da Universidade FUMEC e contaram com financiamento da própria Universidade, da Fundação Nacional de Desenvolvimento do Ensino Superior Particular (FUNADESP) e da Fundação de Amparo à Pesquisa do Estado de Minas Gerais (FAPEMIG).

Num terceiro momento (capítulo 3), tem-se como objetivo a análise do processo legislativo brasileiro, buscando se identificar os atores políticos no cenário constitucional normativo, o ator legislador principal e os parâmetros estabelecidos na relação entre o Executivo e o Legislativo no plano federal.

José Alfredo de Oliveira Baracho Júnior
Eduardo Martins de Lima

CAPÍTULO 1

O PRINCÍPIO DA SEPARAÇÃO DE PODERES E ATUAÇÃO DO PODER EXECUTIVO NO PROCESSO CONSTITUINTE

JOSÉ ALFREDO BARACHO JÚNIOR

1.1 O princípio da separação de poderes

O princípio da separação de poderes tem sido um dos princípios fundamentais da democracia moderna. Entretanto, desde a Antiguidade clássica, a partir das obras de Platão (428-348 a.c.) e Aristóteles (384-322 a.c.), identificamos reflexões sobre o tema.

Em Platão temos uma primeira alusão à divisão de funções na sua *Pólis* perfeita, quando menciona em sua obra, *A República*, os afazeres dos que devem proteger a cidade, dos que devem governá-la e daqueles que devem produzir e comercializar os bens.

Em Aristóteles[1] percebe-se mais nitidamente a divisão de funções do Estado em três: havia a Assembleia Geral, o Corpo de Magistrados e o Corpo Judiciário.

Segundo Nuno Piçarra, Aristóteles inaugurou uma das duas vertentes do pensamento político ocidental, a vertente constitucional, pluralista e moderada.[2] Séculos após, Inglaterra e França, expressando

---

[1] ARISTÓTELES. *A política*. Disponível em: <http://www.elivrosgratis.com/download/357/politica-aristoteles.html>.

[2] SEPARAÇÃO DOS PODERES. *In*: PIÇARRA, Nuno. *Polis*: Enciclopédia verbo da Sociedade e do Estado. 1. reimpr. Lisboa: Verbo, 1989. p. 683.

necessidade de liberdade, implantam esta forma de estruturação do poder.

Efetivamente a doutrina da separação dos poderes encontrará em Locke e Montesquieu seus grandes sistematizadores; o inglês, pioneiro, através do *Segundo tratado sobre o governo civil* e o francês no célebre *Do espírito das leis*.

Locke (1632-1704), considerado o fundador do empirismo, publica em 1690 seus *Dois tratados sobre o governo civil*. O segundo tratado sobre o governo civil é o que expõe o pensamento político de Locke, inspirador do pensamento liberal-individualista.

É nesta obra que Locke restabelece a conexão entre a doutrina da separação dos poderes e a *rule of law*, concebendo-a como pré-requisito desta última: para que a lei seja imparcialmente aplicada é necessário que não sejam, a aplicá-la, os mesmos homens que a fazem. Em decorrência disso faz-se necessária a separação entre Legislativo e Executivo.

Como bem salienta Paula Bajer Fernandes Martins da Costa,[3] o poder supremo para Locke é o Legislativo, os demais poderes dele derivam e a ele estão subordinados. Compete ao Poder Executivo, cuja existência é perene, a aplicação das leis. Locke ainda concebe um terceiro Poder, que apesar de distinto, não pode ser separado do Executivo, o qual denomina de Federativo, ao qual incumbe o relacionamento com os estrangeiros, a administração da comunidade com outras comunidades, compreendendo formação de alianças e decisões sobre a guerra e a paz. Como se vê, Locke não prevê expressamente a existência do Poder Judiciário.

A teoria de Montesquieu sobre a separação de poderes foi desenvolvida em livro publicado em 1748, *O espírito das leis*. Nele Montesquieu desenvolve a divisão e a distribuição clássicas dos poderes estatais. O autor (1979, p. 143) explicita a necessidade da separação dos poderes no Capítulo V do Livro Décimo Primeiro de sua obra, vindo a fazer a distinção dos poderes Executivo, Legislativo e Judiciário, nos seguintes termos:

> Há, em cada Estado, três espécies de poderes: o poder legislativo, o poder executivo das coisas que dependem do direito das gentes, e o executivo das que dependem do direito civil.

---

[3] COSTA, Paula Bajer Fernandes Martins da. Sobre a importância do Poder Judiciário na configuração do sistema de separação de poderes instaurado no Brasil após a Constituição de 1988. *Revista de Direito Constitucional e Internacional*, São Paulo, v. 8, n. 30, p. 240-258, jan./mar. 2000.

Pelo primeiro, o príncipe ou magistrado faz leis por certo tempo ou para sempre e corrige ou ab-roga as que estão feitas. Pelo segundo, faz a paz ou a guerra, envia ou recebe embaixadas, estabelece a segurança, previne as invasões. Pelo terceiro, pune os crimes ou julga as querelas dos indivíduos. Chamaremos este último o poder de julgar e, o outro, simplesmente o poder executivo do Estado.

Em seguida, afirma:

> Quando na mesma pessoa ou no mesmo corpo de magistratura o Poder Legislativo está reunido ao Poder Executivo, não existe liberdade, pois se pode temer que o mesmo monarca ou o mesmo senado apenas estabeleçam leis tirânicas para executá-las tiranicamente.
> Não haverá também liberdade se o poder de julgar não estiver separado do Poder Legislativo e do Executivo. Se estivesse ligado ao Poder Legislativo, o poder sobre a vida e a liberdade dos cidadãos seria arbitrário, pois o juiz seria legislador. Se estivesse ligado ao Poder Executivo, o juiz poderia ter a força de um opressor.[4]

Montesquieu assevera que o poder sobre a vida e a liberdade dos cidadãos seria arbitrário e não existiria liberdade se o Poder Judiciário não estivesse separado dos poderes legislativo e executivo, pois aquele seria um Legislador e se estivesse ligado ao poder Executivo os juízes poderiam ter força de opressores.

O autor insurgiu-se contra a concepção do Estado absolutista, regime em que o poder estatal era legitimado em torno de uma só pessoa. No absolutismo, a produção normativa estatal concentrava-se nas mãos e na vontade do rei. Em face desse direito, o monarca era quem criava, executava e decidia.

A limitação do poder pelo poder tornaria possível a existência de um governo moderado, pois dessa forma, com os abusos sendo coibidos, a liberdade dos indivíduos estaria assegurada. Estava instituída a ideia da separação de poderes, que se tornou alicerce dos Estados Democráticos de Direito, garantia das liberdades e direitos dos cidadãos e consagrado, praticamente, em todas as Constituições modernas.

É mister observar que, assim como a Locke, Montesquieu priorizava o Poder Legislativo, considerando ainda que "dos três poderes, é o Poder de julgar, de certo modo, nulo. Sobram dois. E, como estes têm necessidade de um Poder regulador para temperá-los, a parte

---

[4] MONTESQUIEU. *Do espírito das leis*. São Paulo: Edipro, 2004. p. 201-202.

do corpo Legislativo, composta por nobres, é muito apropriada para produzir esse efeito".[5]

Segundo Montesquieu:

> Poderia acontecer que a lei, que é ao mesmo tempo clarividente e cega, fosse em certos casos muito rigorosa. *Porém os juízes de uma nação não são, como dissemos, mais que uma boca que pronuncia as sentenças da lei, seres inanimados que não podem moderar nem sua força nem seu rigor.* É, portanto, a parte do corpo Legislativo que noutra ocasião dissemos ser um tribunal necessário, que aqui também, é necessária; cabe á sua autoridade suprema moderar a lei em favor dela própria, pronunciando-a menos rigorosamente do que ela.[6] (grifos nossos)

Ademais, o próprio Montesquieu estabeleceu limites a essa primazia do Poder Legislativo, tornando-se o inspirador teórico[7] do sistema de *freios e contrapesos*, ao elucidar que o poder deve limitar o poder, para o respeito e a garantia das liberdades:

> Porém se num Estado livre o Poder Legislativo não deve ter o direito de sustar o Poder Executivo, tem o direito e deve ter a faculdade de examinar de que maneira as leis que promulga devem ser executadas. Entretanto, qualquer que seja esse exame, o Poder Legislativo não deve ter o direito de julgar a pessoa e, por conseguinte, a conduta de quem executa. Sua pessoa deve ser sagrada porque, sendo necessária ao Estado a fim de que o corpo Legislativo não se torne tirânico, desde o momento em que for acusada ou julgada, a liberdade desaparecida.[8]

Com a proeminência do princípio da separação de poderes, convencionou-se que o poder estatal, que é uno, já não era somente emanado apenas da vontade do rei, mas advinha do povo, através da soberania popular e exercido em seu nome por órgãos específicos.

Pertinente é a ressalva feita por Clèmerson Merlin Clève:

> [...] o poder político é indivisível, teoricamente, porque o seu titular é o povo que não o divide, senão que, em face da ação do Poder Constituinte, confere o exercício a diferentes órgãos encarregados de exercer distintas tarefas ou atividades, ou ainda, diferentes funções.[9]

---

[5] MONTESQUIEU. *Do espírito das leis*, p. 205.

[6] MONTESQUIEU. *Do espírito das leis*, p. 208.

[7] FERREIRA, Pinto. *Comentários à Constituição brasileira*. São Paulo: Saraiva, 1989. v. 1, p. 41.

[8] MONTESQUIEU. *Do espírito das leis*, p. 207.

[9] CLÈVE, Clémerson Merlin. *Atividade legislativa do Poder Executivo no Estado contemporâneo e na Constituição de 1988*. São Paulo: Revista dos Tribunais, 1993. p. 30.

O poder se desloca das mãos do monarca e passa para as mãos do povo através de seus representantes. Ocorre, aqui, a transferência de titularidade do poder soberano. Dessa forma, o monarca deixa de ser soberano e o poder, que antes era exercido exclusivamente por sua vontade, passa a ser emanado da lei.

Em resposta ao absolutismo dos séculos XVII e XVIII, pregava-se um Estado de Direito mínimo, ou seja, a máxima limitação da atuação do Estado com o intuito de prover aos cidadãos a capacidade de usufruírem plenamente a sua liberdade.

Interessante ressaltar que além das três formas de governo sistematizadas por Aristóteles, quais sejam, a monarquia (governo de um só), a aristocracia (governo de poucos), e a república (estabelecida como governo da multidão), Montesquieu classificava as três formas de governo como despótico (governo de um só, porém sem leis), governo monárquico (de um só, mas legal), e governo republicano (que segundo ele, pode ser democrático, emanado de todo o povo, ou aristocrático, emanado de somente uma parte dele). Todavia, para Montesquieu não importava a forma de governo, pois o objetivo da ordem política é assegurar a tripartição equilibrada dos Poderes do Estado, que são o Poder Legislativo, o Poder Executivo e o Poder Judiciário, funcionalmente constituídos.

O autor em apreço distribui e divide o poder em três, porém, não delimita as responsabilidades e atribuições de tais poderes, independentes entre si. Em passagem de seu livro, Montesquieu (1979, p. 166) diz:

> Desejaria verificar, em todos os governos moderados que conhecemos, qual é a distribuição dos três Poderes e daí calcular os graus de liberdade de que cada um pode fruir. Mas nem sempre se deve tudo fazer a ponto de nada deixar a cargo do leitor. Não se trata de fazer ler, mas de fazer pensar.

A ideia de separação dos poderes de Montesquieu, de acordo com Olavo Brasil de Lima Júnior (1997, p. 16), implicaria "[...] mais em autonomia de um poder em face dos demais do que em efetiva e clara definição de atribuições e responsabilidades [...]".

As competências e responsabilidades dos poderes estatais, bem como a sua forma de organização e distribuição, foram estabelecidas e asseguradas pelas diversas constituições dos Estados modernos, na medida em que essas tiveram seus textos promulgados, cada qual, com suas especificidades.

A ideia da tripartição de poderes lançou as bases para o desenvolvimento da política de freios e contrapesos utilizada pelos fundadores da República norte-americana, em meados do século XVIII, e foi nos Estados Unidos da América que ela adquiriu a sua feição constitucional contemporânea através dos *pais fundadores* James Madison, Thomas Jefferson, George Washington, Alexander Hamilton e John Adams.

Em meados do século XVIII, os políticos teóricos e pragmáticos da revolução norte-americana absorviam as sementes do ideário político racionalista da França. Ocorre que, muito embora a concepção de Montesquieu sobre separação dos poderes tenha sido o sustentáculo da Convenção da Filadélfia, que deu origem à Constituição norte-americana de 1787, os norte-americanos receavam o poder exacerbado dado ao Poder Legislativo. Como consequência, o Poder Judiciário e o Poder Executivo saíram fortalecidos.

Os convencionais James Madison, Thomas Jefferson, George Washington, Alexander Hamilton e John Adams sustentaram a necessidade de transferência do poder das mãos de uma pessoa ou um órgão a três Poderes. Apostavam em uma eficaz fiscalização do poder pelo poder, resguardando o próprio Estado dos efeitos maléficos de uma tirania.

Madison salientou a necessidade de regular as relações político-institucionais mediante o sistema de freios e contrapesos para permitir o livre exercício das liberdades individuais.[10]

Thomas Jefferson, redigindo as *Notas sobre o Estado de Virgínia*, referindo-se a *todos os poderes de Governo — Legislativo, Executivo, Judiciário*, escreveu:

> A concentração destes poderes nos mesmos meios é precisamente, a definição de governo despótico. Não será grande consolo se todos os poderes forem exercidos por uma pluralidade de mãos, ao invés de por uma só. Cento e sessenta e três déspotas serão, certamente, tão tirânicos quanto um único [...]. Pouco interessa que os governantes tenham sido escolhidos por nós mesmos. Um despotismo eletivo não era o governo pelo qual lutamos; tal governo deverá ser baseado de tal forma que seja dividido e racionalmente distribuído entre os diferentes órgãos do poder que nenhum possa ultrapassar seus limites legais sem que seja observado e contido pelos outros. Por isso mesmo a Convenção que aprovou a ordenação do governo estabeleceu como fundamento básico, que o Legislativo, o Executivo e o Judiciário devam ser separados e distintos, de tal modo que ninguém possa exercer os poderes dos demais e de um deles ao mesmo tempo.[11]

---

[10] HAMILTON. *O federalista*, p. 417-421.

[11] HAMILTON. *O federalista*, p.403-404.

O controle de um poder pelo outro, ou mistura dos poderes, é essencial para que não se instaure a tirania, mecanismo que recebe dos americanos a denominação antes mencionada: *checks and balances* (freios e contrapesos).

No que concerne ao Poder Judiciário, os artigos federalistas[12] abordaram uma questão importante, qual seja, o direito que têm os tribunais de declarar a nulidade de atos legislativos, quando contrários à Constituição.[13] Esta ganhou grande relevância, pois, entre outros fatores, suscitou a questão da amplitude da jurisdição — que é composto por membros não eleitos — no sentido de decidir sobre leis formuladas por representantes eleitos e, mais ainda, do poder desse órgão de interferir em assuntos políticos através da interpretação das leis e da sua declaração de constitucionalidade. Neste sentido:

> A interpretação das leis é o domínio próprio e particular dos tribunais. Uma Constituição é de fato uma lei fundamental, e como tal deve ser vista pelos juízes. Cabe a eles, portanto, definir seus significados tanto quanto o significado de qualquer ato particular procedente do corpo Legislativo.[14]

Ao afirmar que cabe aos juízes a definição do significado da lei, os federalistas estão assumindo a possibilidade de existência de uma interpretação criativa da lei, uma vez que esta é uma atividade hermenêutica. No entanto, completam que essa criatividade jurisdicional não significa que os juízes terão o poder de legislar, assumindo assim papéis de membros políticos dos órgãos administrativos do governo. Nas palavras de Hamilton:

> Não se pode dar nenhum peso à afirmação de que os tribunais podem, a pretexto de uma incompatibilidade, substituir as intenções constitucionais do Legislativo por seus próprios desejos. (...) Os tribunais devem especificar o sentido da lei; e caso se dispusessem a exercer a vontade em vez do julgamento, isso levaria igualmente à substituição do desejo do corpo Legislativo pelo seu próprio. Se esta observação provasse alguma coisa, seria de que não deve haver nenhum juiz além do próprio Legislativo.[15]

---

[12] Os artigos federalistas foram publicados em periódicos do Estado de Nova Iorque em defesa da ratificação da Constituição. Todos os artigos foram publicados sob o codinome *Publius*, sendo mais tarde revelada a autoria de John Jay, James Madison e Alexander Hamilton.

[13] HAMILTON. *O federalista*, p. 480.

[14] HAMILTON. *O federalista*, p. 481.

[15] HAMILTON. *O federalista*, p. 482.

Tais afirmações suscitam um tema importante e atual a respeito do papel do Judiciário, que será abordado ao final do trabalho. Entretanto, o que aqui se pode adiantar é que se há interferência do Judiciário na elaboração de leis este Poder estaria assumindo um papel político que não lhe é próprio, reproduzindo o fenômeno hoje conhecido como judicialização da política.

James Madison[16] (1979, p. 126) apoia com clareza o princípio desenvolvido por Montesquieu ao citar em *Os federalistas* passagem de *O espírito das leis*:

> As razões em que Montesquieu funda o seu princípio são uma nova prova no sentido que ele quer dar-lhe. "Quando na mesma pessoa", diz ele "ou no mesmo corpo de magistratura o Poder Legislativo está reunido ao Poder Executivo, não pode haver liberdade; porque pode temer-se que o mesmo monarca ou o Senado faça leis tirânicas para tiranicamente executá-las. [...]". "Se o poder de julgar estivesse unido ao Poder Legislativo, o poder sobre a vida e liberdade dos cidadãos seria arbitrário, porque o juiz seria legislador; e se o poder de julgar estivesse unido ao Executivo, o juiz poderia ter toda a força de um opressor".

Assim como Montesquieu, os federalistas sustentavam ser necessária a transferência do poder das mãos de apenas uma pessoa ou um órgão, e distribuí-lo entre os três Poderes que são o Legislativo, o Executivo e o Judiciário.

Com o poder distribuído em três órgãos a sociedade poderia viver em um Estado sem opressão e leis tirânicas, sendo asseguradas a liberdade dos cidadãos e a garantia dos direitos individuais, pois a fiscalização do poder pelo poder resguardaria o próprio Estado dos efeitos maléficos de uma tirania.

Para salvaguardar os interesses e direitos dos cidadãos faz-se essencial depositar e assegurar ao Executivo força pública advinda do próprio povo, para que tal poder se sustente e cumpra seus fins. Ressalte-se que, quanto à competência do Poder Legislativo, os seus membros deveriam decidir e velar pelos direitos e garantias dos cidadãos. Entretanto, a eficácia do Poder Judiciário estaria atrelada ao Poder Executivo, cabendo àquele somente assegurar apoio a esse poder.

---

[16] MADISON, James: O federalista. *In*: JEFFERSON, Thomas; PAINE, Thomas; HAMILTON, Alexander; MADISON, James; JAY, John; TOCQUEVILLE, Aléxis de. *Escritos políticos*: Senso comum: O federalista: A democracia na América: O antigo regime e a revolução. São Paulo: Abril Cultural, 1979. (Os Pensadores).

Nessa linha, fazendo referência aos poderes, Hamilton (1979, p. 156-163) afirma que:

> Todo homem razoável deve conhecer a necessidade de [as] segurar ao Poder Executivo força suficiente, restando, porém, "saber os meios de obter este fim" [...]. Esse poder, "é o dispensador das dignidades e o depositário da força pública; o Legislativo dispõe da bolsa de todos e decide dos direitos e deveres dos cidadãos: mas o Judiciário não dispõe da bolsa nem da espada e não pode tomar nenhuma resolução ativa. Sem força e sem vontade, apenas lhe compete juízo; e este só deve a sua eficácia ao socorro do Poder Executivo".[17]

Os artigos federalistas foram elaborados com o propósito de defender a ratificação da Constituição dos Estados Unidos da América, na qual o princípio da separação de poderes, em sua formulação de freios e contrapesos, está alicerçada, a fim de garantir os direitos individuais e a limitação ao exercício do poder, pelos próprios poderes estatais, tendo como fundamentos centrais a soberania, a participação popular e a liberdade individual. Além disso, os federalistas afirmavam que a Constituição americana deveria ser considerada pelos juízes como lei fundamental, pertencendo aos tribunais judiciários o dever de preservá-la.

A feição dada à Constituição norte-americana pelos seus fundadores influenciou de forma significativa o constitucionalismo brasileiro a partir do final do século XIX, a citar como exemplos as Constituições de 1891, 1934, 1946 e a atual Constituição de 1988, que têm em seu âmago a garantia dos direitos individuais e coletivos e a organização e a limitação dos poderes estatais.

Importante também destacar que a maioria das democracias modernas adota o modelo tripartite de poder. Entretanto, este modelo comporta variações de acordo com a história e a Constituição de cada Estado. Cabe aqui, a título exemplificativo, citar exemplos em que a divisão de poderes de um Estado não seguiu o modelo clássico trazido por Montesquieu.

A Constituição do Império do Brasil (1824) reconhecia a existência de quatro poderes políticos: Legislativo, Moderador, Executivo e Judicial. Ainda a título de ilustração, cita-se a Constituição Federal

---

[17] HAMILTON, Alexander. Senso comum *In*: JEFFERSON, Thomas; PAINE, Thomas; HAMILTON, Alexander; MADISON, James; JAY, John; TOCQUEVILLE, Aléxis de. *Escritos políticos. Senso comum. O federalista. A democracia na América. O antigo regime e a revolução*. São Paulo: Abril Cultural, 1979. (Os Pensadores).

da URSS de 1936 e a da Iugoslávia Populista de 1946, nenhuma delas em vigor, que adotaram a teoria dimensional dos poderes. Como bem aponta Pinto Ferreira:

> [...] a separação de poderes poderá ser rígida, como no presidencialismo, e flexível, como no parlamentarismo. Contudo, não se admite nenhuma separação absoluta de poderes, pois sempre ocorrem interferências recíprocas. O Poder Executivo inicia o processo legislativo em inúmeras repúblicas, ao lado do Congresso, e tem poderes de veto, de dissuasão nuclear (como na França) e o de solicitar *referendum* (Alemanha de Weimar). O Poder Legislativo intervém no Executivo, rejeitando nomeações feitas por este para pastas para o provimento em determinados cargos. O Judiciário inspeciona a legalidade dos atos tanto do Legislativo como do Executivo pelo sistema de controle da constitucionalidade das leis, seja por um Supremo Tribunal Federal, seja por uma Corte Constitucional.[18]

Democracias da Europa contam hoje com o que parte da doutrina intitula *como um quarto Poder, o Tribunal Constitucional*, situado fora da estrutura dos demais poderes e legitimado diretamente pela Constituição como seu verdadeiro guardião.

Vale reconhecer, com Paulo Bonavides, a fundamental importância do princípio da separação de poderes, pois esse correspondia aos anseios e expectativas políticas da época em que foi desenvolvido. Porém, o autor reconhece que a aplicação do referente princípio de maneira estrita não mais condiz com a concepção que tem início no Estado social, pois a sociedade industrial trouxe relações econômicas e sociais que clamavam ao Estado de Direito mínimo[19] uma posição de providência.

Os direitos fundamentais não se apresentam apenas como direitos de defesa e normas de proteção de institutos jurídicos, mas também como garantias positivas do exercício das liberdades, cabendo ao Estado colocar à disposição meios materiais e a implementação de condições fáticas que pudessem possibilitar a universalização do acesso a bens.

O Estado passa, então, a adotar uma postura intervencionista e uma orientação social diferente da liberal. Nesse sentido, Bonavides (1996, p. 228) relata que o Estado passa a:

---

[18] FERREIRA. *Comentários à Constituição brasileira*, p. 41.

[19] Nesse momento, os indivíduos começam a exigir do Estado que se encontrava passivo, como mero observador, uma posição de um Estado de providência, ou seja, um Estado prestador e participativo. Sobre a transformação do Estado liberal em Estado social, conferir Bonavides (1996).

[...] admitir partidos de representação de interesses das mais diversas classes, conduzir a democracia política a conseqüências extremas, fazer reformas sociais profundas, optar pelo intervencionismo na ordem econômica, pospor os interesses individuais aos interesses sociais, fomentar a educação, a cultura e as artes, fazer-se empresário, promover a paz social mediante a conciliação do trabalho e do capital social.[20]

As finalidades do Estado, a exigir mecanismos jurídicos para uma pronta atuação dos poderes públicos, aumentam e, nesse momento, "[...] vislumbra-se um deslocamento da importância antes conferida ao Parlamento para o Poder Executivo, melhor aparelhado para dar uma resposta mais rápida e eficaz às crescentes demandas do Estado".[21] Ressalta Anna Cláudia Rodrigues (2001, p. 13):

Acrescente-se a conatural lentidão dos trabalhos legislativos na busca da obtenção da vontade da maioria. A tecnicidade e a complexidade das novas matérias submetidas à sua apreciação também hão de ser consideradas. Tudo isso acabou por ressaltar o papel do Governo na consecução das exigências da sociedade contemporânea. O Governo, agora também legitimado democraticamente, passa a ser colaborador na elaboração das leis e também a regulamentar, pormenorizar a disciplina genericamente estabelecida pelo legislador [...].Em determinadas circunstâncias, possibilita-se que o próprio Poder Executivo expeça atos normativos equivalentes às leis. Em lugar de estar excluído do processo legislativo, como propugnado pela leitura estrita da tripartição dos poderes, o Governo une-se inseparavelmente a ele.[22]

Nesse novo contexto, em que a interpenetração entre os poderes leva um órgão a desempenhar funções ordinariamente conferidas a outro, propõem-se novos rumos à atribuição dos poderes do Estado. Destarte, o princípio da separação de poderes mantém o que lhe é primordial, ou seja, atribuem-se as funções do Estado a órgãos distintos que, interpenetrando uns nos outros, se equilibram mutuamente em um quadro de grande dinamicidade.

Mesmo que um órgão exerça atribuição ordinariamente conferida a outro órgão, isso não implicaria violação ao princípio da separação de poderes, desde que estabelecido nos moldes constitucionais. Entretanto,

---

[20] BONAVIDES, Paulo. *Curso de direito constitucional*. 7. ed. São Paulo: Malheiros, 1996.

[21] RODRIGUES, Anna Cláudia Manso S. O. A Medida Provisória no controle abstrato de constitucionalidade. Brasília: UnB, 2001, p. 12. Mimeografado.

[22] RODRIGUES. Medida Provisória no controle abstrato de constitucionalidade, p. 13.

essa atuação não pode implicar, em momento algum, usurpação de uma função que não é típica de um determinado órgão.

Nesse sentido, Canotilho[23] (1998, p. 502) afirma que "[...] o princípio da separação exige, a título principal, a correspondência entre órgão e função e só exige exceções quando não for sacrificado o seu núcleo essencial".

Dessa forma, o Poder Executivo poderá até mesmo legislar, mas isso não significa apropriação de função que originariamente é conferida a outro poder, ou seja, ao Poder Legislativo. O princípio da separação de poderes assegura a importância de um poder exercer o controle em relação a outro, porém, evitando qualquer tipo de atividade exorbitante.

A afirmação do Estado Democrático de Direito requer a limitação do poder pelo poder, a fim de, ao se coibirem abusos, assegurar-se a liberdade aos indivíduos. Nesse sentido, o princípio da separação de poderes vem reafirmar que a atribuição das funções do Estado a órgãos distintos, interpenetrando uns nos outros, garante o equilíbrio mútuo dos mesmos à luz do paradigma do Estado Democrático de Direito.

1.2 Constituições brasileiras sob a ótica da separação dos Poderes

A efetiva e clara definição de atribuições e responsabilidades dos poderes deve estar estabelecida na Constituição, na qual deve constar as regras de organização dos poderes, bem como as relações recíprocas entre os mesmos.

Raul Machado Horta (2003, p. 52) afirma que "[...] a Constituição é o instrumento da garantia dos direitos e da separação dos poderes", cabendo a ela "[...] organizar a separação dos Poderes do Estado, de modo que não se concentrem em uma só pessoa, como recomendou Montesquieu na formulação clássica da teoria [...]".[24]

É mister destacar algumas das características que as Constituições brasileiras de 1824, 1891, 1934, 1937, 1946, 1967 e a atual Constituição de 1988 trazem em seu texto, particularmente na perspectiva do princípio da separação de poderes.

---

[23] CANOTILHO, J. J. Gomes. *Direito constitucional e teoria da Constituição*. 2. ed. Coimbra: Almedina, 1998.

[24] HORTA, Raul Machado. *Direito constitucional*. 4. ed. Belo Horizonte: Del Rey, 2003.

1.2.1 A Constituição de 1824

O primeiro texto constitucional surgiu no início do século XIX, com a Constituição Política do Império, em 25 de março de 1824. Neste período vigia a divisão quadripartite de poderes existindo, além dos Poderes Executivo, Legislativo e Judiciário, o Poder Moderador que representou a constitucionalização do absolutismo, na primeira Constituição do Brasil.

A Carta foi outorgada pelo Imperador, tendo como uma de suas principais características a incorporação constitucional do Poder Moderador, chave de toda a organização política, delegado privativamente ao Imperador, como Chefe Supremo da Nação e seu primeiro representante.

1.2.2 A Constituição de 1891

A Constituição Federal de 24 de fevereiro de 1891 instaurou a República, rompeu com a forma monárquica de governo e instituiu o Federalismo e o Presidencialismo. Tal Constituição perdurou por trinta e nove anos e é, fundamentalmente, uma Constituição de organização dos poderes e da garantia dos direitos individuais.

Rui Barbosa, um dos autores do anteprojeto da Constituição de 1891 espelhou-se no modelo norte-americano e de lá foram extraídas a República, o Federalismo, o Presidencialismo e as técnicas inerentes às novas instituições, como a intervenção Federal, o controle de constitucionalidade das leis, o bicameralismo, convertendo o Senado na Câmara eletiva dos Estados, a repartição de competências através dos poderes enumerados à União e dos poderes reservados aos Estados autônomos.

Com o advento da referida Constituição foi também organizada a tripartição de poderes do Estado, deixando de existir o Poder Moderador.

Em 1890 foi criado o Supremo Tribunal Federal,[25] tendo como referência a Suprema Corte Americana, "[...] especialmente em razão da influência que o Direito Constitucional norte-americano exercia

---

[25] Nesse sentido Emília Viotti da Costa (*O Supremo Tribunal Federal e a construção da cidadania*. São Paulo: Ed. UNESP, 2001. p. 22) relata: "Pelo decreto nº 510, de 22 de junho de 1890, que estabeleceu uma Constituição Provisória da República dos Estados Unidos do Brasil, o governo dispôs sobre a criação, composição e competência do Supremo Tribunal Federal. Essas disposições foram confirmadas pela Constituição, aprovada em 24 de fevereiro do ano seguinte".

sobre Rui Barbosa, o jurista mais influente da época [...]" (BARACHO JÚNIOR, 2003, p. 331).[26]

A forte influência da concepção liberal defendida por Rui Barbosa[27] motivou a criação do Supremo Tribunal Federal e fundamentou argumentos de cunho liberal, utilizados em decisões proferidas pelo Tribunal, afirmando gradualmente o controle de constitucionalidade dos atos do Executivo por esse órgão, no final do século XIX.

Ressalte-se que a reforma constitucional de 1926, alterou as competências estabelecidas na Constituição, especialmente em seu artigo 60, parágrafo 5º, que dispunha:

> Art.60. Aos juízes e Tribunais Federais, processar e julgar:
> Parágrafo 5º: nenhum recurso judiciário é permitido, para a justiça federal, ou local, contra a intervenção nos Estados, a declaração do Estado de sítio e a verificação de poderes, o reconhecimento, a posse, a legitimidade, a perda de mandato aos membros do Poder Legislativo ou Executivo, federal ou estadual; assim, como, na vigência do estado de sítio, não poderão os tribunais conhecer dos atos praticados em virtude dele pelo Poder Legislativo ou Executivo.[28]

1.2.3 A Constituição de 1934

A Constituição Federal de 16 de julho de 1934 manteve a República, o Presidencialismo, o Federalismo e a declaração de direitos do rol da Constituição de 1891.

Através desta Constituição tem início no constitucionalismo brasileiro a era dos direitos econômicos e sociais, buscando inspiração no novo constitucionalismo do pós-Primeira Guerra e nas Constituições representativas do constitucionalismo social do século XX.

---

[26] A interpretação dos direitos fundamentais na Suprema Corte dos EUA e no Supremo Tribunal Federal. *In*: SAMPAIO, José Adércio Leite (Coord.). *Jurisdição constitucional e direitos fundamentais*. Belo Horizonte: Del Rey, 2003.

[27] Nesse sentido Oscar Dias Correa (*O Supremo Tribunal Federal, Corte Constitucional do Brasil*. Rio de Janeiro: Forense, 1987. p. 21-22) afirma: "Nossa preocupação ao enumerar [...], repetindo o conhecido, a linha evolutiva da competência do Supremo Tribunal Federal, desde sua criação teve o claro e insofismável propósito de instituir um Tribunal Constitucional que à moda da Suprema Corte norte-americana, fosse o guardião das garantias constitucionais, isto é, árbitro superior e soberano dos direitos do cidadão em face do Estado, como dos deste em defesa do bem comum. Rui, que lhe é o artífice, pode dizer-se exclusivo, não teve outro desejo, outra aspiração, que exuberante e inigualavelmente enunciou".

[28] Percebe-se claramente, através do supracitado art. 60, parágrafo 5º, da reforma Constitucional de 1926 que era vedado o conhecimento de questões políticas pelo Supremo Tribunal Federal. Nesse sentido, veja-se Correa (1987, p. 9).

Foi a mais breve de nossas Constituições, com vigência de apenas três anos, três meses e vinte e seis dias. Manteve a tripartição de poderes, contudo, criou um Senado, cuja função era prover a coordenação dos Poderes Federais. Para Celso Bastos (1996, p. 63), a criação do Senado, "demonstrou que o que se tinha, em verdade, era uma reconstituição do Poder Moderador do Império".

Os componentes do Poder Judiciário foram contemplados com as garantias constitucionais da vitaliciedade, irredutibilidade de vencimentos e inamovibilidade.[29]

A Constituição de 1934 chegou a seu fim com o golpe de Estado de 1937.

1.2.4 A Constituição de 1937

A Carta de 1937 foi outorgada, colocando o texto constitucional "[...] a serviço do detentor do poder, para seu uso pessoal" (HORTA, 2003, p. 56).

Para o referido autor, na Carta está contida, "a organização completa do Estado autoritário e do poder individualizado".

Horta (2003, p. 57), ao se referir a tal Constituição, em seu artigo 73, observa que:

> A função de legislar sobre todas as matérias de competência da União (art. 180) tornou-se competência permanente do Presidente da República que, por inferência da norma que autorizava a expedição de decretos-leis, converteu-se, também, em fonte de legislação constitucional a carta de 10 de novembro. O Presidente da República sobrepunha-se, autoritariamente a todos os órgãos e poderes, erigindo em autoridade suprema do Estado.

Quanto ao Poder Judiciário,[30] a referida Constituição vedava a esse "[...] conhecer atos praticados em virtude da decretação de estado de sítio" e, também, "[...] vedava ao Poder Judiciário conhecer questões exclusivamente políticas" (BARACHO JÚNIOR, 2003, p. 334).

---

[29] A Constituição de 1934 estabeleceu novas normas para o funcionamento do STF e redefiniu algumas de suas funções, e ampliou a competência da Corte (COSTA. *O Supremo Tribunal Federal e a construção da cidadania*, p. 65).

[30] A Carta de 37 vedava ao Poder Judiciário conhecer questões exclusivamente políticas, expressão vaga e de difícil definição, que dava margem a interpretações arbitrárias (COSTA. *O Supremo Tribunal Federal e a construção da cidadania*, p. 72). 1ª vez que um acórdão do Supremo foi cassado por decreto-lei do Executivo.

Apesar de serem mantidas todas as garantias da magistratura, vitaliciedade, inamovibilidade e irredutibilidade de vencimentos, o Poder Judiciário foi claramente enfraquecido.

Raul Machado Horta (2003, p. 57), a respeito do tema inserido na Constituição sob análise, em seu artigo 96, parágrafo único, afirma que:

> As decisões judiciárias de inconstitucionalidade da lei poderiam ser desfeitas pela vontade do Presidente da República, quando ele invocasse, para manter a lei reputada inconstitucional por decisão do Tribunal, o bem-estar do povo, a promoção ou defesa de interesse nacional de alta monta.

Com a outorga da Constituição de 1937, a competência dos três Poderes ficou limitada ao centralismo do Executivo e condicionada aos interesses do chefe supremo da Administração, ou seja, o Presidente da República.

1.2.5 A Constituição de 1946

A Constituição Federal de 18 de setembro de 1946, além de preservar o estabelecido na Constituição de 1934, conservava à União Federal a faculdade de intervir no domínio econômico e de monopolizar determinada indústria ou atividade; contudo, a Constituição previnia que essa intervenção teria por base o interesse público e, como limite, os direitos fundamentais nela assegurados.

A Constituição de 1946 constituiu-se num importante marco da redemocratização do Brasil. De acordo com Paulo Bonavides (p. 409), a Constituição "[...] buscava devolver ao Legislativo e ao Judiciário a dignidade e as prerrogativas características de um regime efetivamente democrático".

No que se refere ao Poder Legislativo, o bicameralismo foi retomado, voltando a existir o Senado Federal e a Câmara dos Deputados.

No âmbito do Judiciário, o STF[31] restabeleceu a sua autonomia e se transformou mais em uma Corte de questões federativas e constitucionais e menos numa Corte dos assuntos da União.

A vigência da referida Constituição "conheceu a interrupção de suas normas pela ação dos chamados atos institucionais, que invocaram, a partir de 9 de abril de 1964, o exercício do Poder constituinte revolucionário" (HORTA, 2003, p. 59).

---

[31] Falava-se em crise do Poder Judiciário quanto ao acúmulo de processos e a Constituição de 1946 estabeleceu regras e competência do Supremo. Nesse sentido, veja-se E. Costa (COSTA. *O Supremo Tribunal Federal e a construção da cidadania*, p. 112-114).

Nesse período, o preâmbulo do Ato Institucional de 1964, Horta (2003, p. 60) relata que "[...] denunciando a inspiração decisionista e autocrática de sua fonte, estendeu-se na fundamentação desse poder originário, que se deslocou da soberania popular, para ser localizado, por usurpação fática, no titular do Poder Executivo".

O funcionamento do Supremo Tribunal Federal ao longo da década de sessenta foi inconstante.[32] O Ato Institucional nº 1 suspendeu algumas garantias constitucionais dos magistrados e o Ato Institucional nº 2 ampliou o número de membros do Tribunal de 11 para 16, além de excluir do Poder Judiciário a apreciação dos atos praticados pela junta militar que assumiu o governo após o golpe de 1964.

O Ato Institucional nº 5, de 1968, por sua vez,

> "[...] permitiu ao Presidente adotar medidas excepcionais para assegurar a ordem, proibindo, entretanto, a apreciação de tais medidas pelo Poder Judiciário" e em 1969, o número dos membros do Supremo foi reduzido para 11, "[...] ampliou a competência da Justiça Militar, limitando, assim, a do Supremo Tribunal Federal [...]" (BARACHO JÚNIOR, 2003, p. 334).

Como já observamos (2003, p. 334-335):

> [...] o Supremo Tribunal Federal sofreu interferências ao longo de toda a sua história, o que compromete decisivamente a afirmação de uma jurisprudência consistente de proteção aos direitos fundamentais. Ainda assim, como já destacado, possui certo peso nas decisões daquela Corte, o ideário liberal que possibilitou sua criação.

1.2.6 A Constituição de 1967

Essa Constituição estava voltada para o fortalecimento do Poder Executivo e da autoridade do Presidente da República. Converteu o Presidente da República em legislador e lhe conferiu a competência de expedir decretos-leis sobre matérias de segurança nacional, bem como de finanças públicas, instituiu um regime presidencial autoritário, fortaleceu os poderes do Presidente da República e suprimiu a escolha popular direta do Presidente.

---

[32] No pós-64, o Legislativo e o Judiciário sofreram profundas alterações. À semelhança do Estado Novo, os poderes do Executivo foram aumentados. Seus atos escaparam ao controle do Judiciário. O STF foi atingido por várias medidas que interferiram na sua composição e limitaram os seus poderes (COSTA, 2001, p.165).

Pinto Ferreira (p. 63) afirma que "quanto à separação dos poderes, deu-se maior ênfase ao Executivo, que passou a ser eleito indiretamente por um colégio eleitoral, mantendo-se as linhas básicas dos demais poderes Legislativo e Judiciário".

Raul Machado Horta (2003, p. 61) ao descrever a referida Constituição relata que:

> Beneficiou-se a iniciativa legislativa do Presidente da República com a aceleração dos projetos de lei oriundos dela, mediante o prazo abreviado de quarenta e cinco dias, em cada Câmara, e o prazo de urgência de quarenta dias, em sessão conjunta do Congresso Nacional (art. 54, e parágrafos 1º, 2º, 3º, 4º e 5º). Titular da legislação direta da via autoritária do Decreto-Lei, o Presidente da República tornou-se, também, destinatário de delegação legislativa, para elaborar lei delegada (arts. 55 e 57). O Presidente da República ficou contemplado na iniciativa da proposta de emenda à Constituição (art. 50, II) e no poder de convocação extraordinária do Congresso Nacional (art. 31, parágrafo 1º).

Além de fortalecer o Poder Executivo, a Constituição de 1967 consagrou o autoritarismo e a ditadura presidencial.

O Ato Institucional nº 5 de 1968 aniquilou o princípio da independência e harmonia dos Poderes, concentrando o poder estatal nas mãos do Chefe do Poder Executivo, a fim de atender à vontade e o arbítrio do Presidente da República estagnando o funcionamento da Constituição e instaurando a insegurança jurídica.

As experiências das Constituições republicanas de 1891, 1934 e 1946 estabeleceram parâmetros democráticos para a construção da Constituição da República Federativa do Brasil de 1988.

1.2.7 A Constituição de 1988

A Constituição da República Federativa do Brasil atual consagra o princípio da separação de poderes de Montesquieu em seu artigo 2º ao estabelecer que: "São poderes da União, independentes e harmônicos entre si, o Legislativo, o Executivo e o Judiciário".

A Constituição de 1988, ao se referir aos poderes, diz serem independentes e harmônicos entre si, porém, não há que se falar em separação estática dos mesmos, mas sim, pressupor que a independência e a harmonia os levam a uma cooperação e colaboração recíprocas, tendo em vista a atuação em prol do bem comum e que podem existir interferências de um poder no outro.

Nesse sentido, Anna Cândida Ferraz (1994, p. 14) relata que:

> [...] haverá um mínimo e um máximo de independência de cada órgão de poder, sob pena de se desfigurar a separação, e haverá, também, número mínimo e um número máximo de instrumentos que favoreçam o exercício harmônico dos poderes, sob pena de inexistindo limites, um poder se sobrepor ao outro poder, ao invés de, entre eles, se formar uma atuação de concerto.[33]

Além disso, cita-se como exemplo da interferência de um poder sobre o outro a participação do Executivo no processo legislativo através da apresentação de projetos de leis, da sanção ou veto, da edição de medidas provisórias; a participação do Legislativo propondo emendas ou rejeitando os projetos e os próprios vetos apresentados pelo Executivo; bem como a declaração de inconstitucionalidade de lei por parte do Poder Judiciário.

Por outro lado, não é simplesmente a influência mútua que torna a separação dos poderes relativa, mas sim, a existência de funções típicas e atípicas que esses poderes exercem.

Nesse sentido, Márcia Dominguez Nigro Conceição (1999, p. 84) observa que "a tipicidade corresponde à função precípua de cada Poder do Estado conferida pela Constituição e a atipicidade às funções que os poderes exercem para possibilitar o desenvolvimento normal de suas atividades".

Assim, é necessário destacar as funções típicas dos Poderes Legislativo, Executivo e Judiciário, que são, respectivamente, legislar, administrar e julgar.

Em sua atividade atípica, o Poder Legislativo brasileiro exerce a função de administrar como está previsto no artigo 51, IV, e artigo 52, XIII, da Constituição.

A Constituição Federal brasileira assim os dispõe:

> Art. 51. Compete privativamente à Câmara dos Deputados:
>
> [...]
>
> IV – dispor sobre sua organização, funcionamento, polícia, criação, transformação ou extinção dos cargos, empregos e funções de seus serviços, e a iniciativa de lei para fixação da respectiva remuneração, observados os parâmetros estabelecidos na lei de diretrizes orçamentárias.

---

[33] FERRAZ, Anna Cândida da Cunha. *Conflito entre Poderes*. São Paulo: Revista dos Tribunais, 1994.

Art.52. Compete privativamente ao Senado Federal:

[...]

XIII – dispor sobre sua organização, funcionamento, polícia, criação, transformação ou extinção dos cargos, empregos e funções de seus serviços, e a iniciativa de lei para fixação da respectiva remuneração, observados os parâmetros estabelecidos na lei de diretrizes orçamentárias.

No que se refere à atividade atípica do Poder Legislativo de julgar, estabelece a Constituição em seu artigo 51, I, que caberá privativamente à Câmara dos Deputados: "I – autorizar, por dois terços de seus membros, a instauração de processo contra o Presidente e o Vice-Presidente da República e os Ministros de Estado".

E ainda, dispõe o artigo 52, I e X, da Constituição que caberá privativamente ao Senado Federal:

I – processar e julgar o Presidente e o Vice-Presidente da República nos crimes de responsabilidade, bem como os Ministros de Estado e os Comandantes da Marinha, do Exército e da Aeronáutica nos crimes da mesma natureza e conexos com aqueles;

[...]

X – suspender a execução, no todo ou em parte, de lei declarada inconstitucional por decisão definitiva do Supremo Tribunal Federal.

O Poder Judiciário exerce sua função atípica na edição de regimentos internos, legislando e, também, administrando quando na atividade de organização de serviços auxiliares, como, por exemplo, provimento de cargos, concessão de licenças e férias aos magistrados e aos serventuários da Justiça.

Assim, dispõe o artigo 96, inciso I, alínea "a", da Constituição Federal:

Compete privativamente:

I – aos tribunais:

a) eleger seus órgãos diretivos e elaborar seus regimentos internos, com observância das normas de processo e das garantias processuais das partes, dispondo sobre a competência e o funcionamento dos respectivos órgãos jurisdicionais e administrativos;

[...].

O Poder Executivo exerce atipicamente funções legislativas, contudo, é necessário que se mantenha a essência da função legislativa do

Parlamento, portanto, só assim não se romperia o princípio da separação de poderes.

Várias são as formas de participação do Executivo no processo legislativo, como é o caso da iniciativa de leis, pedido de tramitação em regime de urgência, sanção, veto, promulgação e publicação das leis. Ressalte-se, como exemplo, o artigo 68, parágrafo 2º, que trata das leis delegadas, por parte do Poder Executivo.

O artigo 68, parágrafo 2º, da Constituição Federal prevê que:

> As leis delegadas serão elaboradas pelo Presidente da República, que deverá solicitar a delegação ao Congresso Nacional.
>
> Parágrafo 2º: A delegação do Presidente da República terá a forma de resolução do Congresso Nacional, que especificará seu conteúdo e os termos de seu exercício.

1.3 A atuação legislativa do Poder Executivo no processo constituinte

A transformação do quadro de hipertrofia do Poder Executivo foi objeto de debates e deliberações ao longo do processo de elaboração da Constituição da República de 1988.

O trabalho inicial desenvolvido pelas Comissões nos primeiros meses de 1987 teve na Comissão de Organização dos Poderes e Sistema de Governo os principais debates e as primeiras deliberações sobre a matéria, o que resultou na modificação do Sistema de Governo do presidencialismo para o parlamentarismo, conforme Anexo aprovado na 7ª Sessão Ordinária, consagrando uma República parlamentarista que se aproximava do desenho constante da Constituição da Itália.

O sistema parlamentarista foi considerado como a melhor maneira de fortalecer o Poder Legislativo e encerrar períodos constitucionais de franco predomínio do Poder Executivo em suas relações com os demais poderes.

No contexto do sistema parlamentarista foi delineada a atuação legislativa do Poder Executivo, da adoção de medidas provisórias pelo Presidente da República, mediante requerimento do Primeiro-Ministro. O texto aprovado na Comissão de Organização dos Poderes e Sistema de Governo:

> **SEÇÃO VIII**
>
> **Do Processo Legislativo**
>
> Art. 19. O processo legislativo compreende a elaboração de:
>
> I – emendas à Constituição;

II – leis complementares;

III – leis ordinárias;

IV – leis delegadas;

V – decretos legislativos; e

VI – resoluções.

Art. 20. O Executivo não poderá, sem delegação do Congresso Nacional, editar decreto que tenha valor de lei.

§1º Em caso de relevância e urgência, o Presidente da República, por solicitação do Primeiro-Ministro, poderá adotar medidas provisórias, com força da lei, devendo submetê-las, de imediato, ao Congresso Nacional, para a conversão, o qual, estando em recesso, será convocado extraordinariamente, para se reunir no prazo de cinco dos dias.

[...]

§2º Os decretos perderão eficácia, desde a sua edição, se não forem convertidos em lei, no prazo de trinta dias, a partir da sua publicação, devendo o Congresso Nacional disciplinar às relações jurídicas dele decorrentes.

É importante destacar que neste texto a medida provisória não tem uma forma própria, mas seria adotada através de Decretos do Presidente da República, após solicitação do Primeiro-Ministro. Tal fato justifica, inclusive, sua ausência do artigo 19, pois o ato não compreenderia um processo de elaboração legislativa.

A partir do mês de agosto de 1987 foi instalada a Comissão de Sistematização, a qual organizou todo o trabalho desenvolvido pelas diversas comissões e subcomissões. O debate acerca das medidas provisórias demonstra a relevância que teve o tema ao longo do processo constituinte. Merece reprodução os debates ocorridos no dia 24 de setembro de 1987:

[...] O SR. CONSTITUINTE HAROLDO LIMA:

– Sr. Presidente, o destaque que ora defendemos é de autoria dos Constituintes José Maria Eymael, do PDC, Luiz Inácio Lula da Silva, do PT, e Adylson Motta, do PDS, e meu, referente à emenda do Constituinte Eduardo Bonfim. O destaque pretende suprimir do texto constitucional o art. 72 que prevê o decreto-lei. Em síntese, tem como objetivo não incluir na Constituição que estamos elaborando a figura do decreto-lei. Há pouco estava ouvindo o Constituinte Afonso Arinos, que me dizia que o instituto do decreto-lei surgiu em 1926, na França, sendo uma criação do ex-presidente da República Francesa, Raymond Poincaré. No Brasil, Sr. Presidente, Srs. Constituintes, o decreto-lei surgiu pela primeira vez na Constituição de 1937, a "Polaca". No seu art. 12, havia a seguinte formulação: "O Presidente da República pode ser autorizado pelo Parlamento a expedir decretos-leis, mediante as condições e nos limites fixados pelo ato de autorização." Isto significa que a "polaca" permitia que o Presidente, autorizado pelo Parlamento, expedisse decretos-leis. A Constituinte de 1946 — a Constituinte liberal que tivemos em nossa República — extinguiu o instituto do decreto-lei no seu texto. Em 1967, no regime militar, retorna na Constituição, através do art. 58, o instituto do decreto-lei, que ali é posto de sorte que o Presidente poderia expedir decretos com força de lei. Já não fala em decreto-lei nem diz, como em 1937, que poderia ser autorizado a expedir decretos-leis, mas que poderia expedir decretos com força de lei em caso de urgência ou de interesse público sobre segurança nacional e finanças públicas. Em 1969, o texto que está em vigor, através do seu art. 55, amplia ainda mais ao admitir o decreto-lei para as normas tributárias, criação de cargos públicos e fixação de vencimentos, introduzindo um §2º, que prevê a rejeição do decreto-lei pelo Congresso, embora a rejeição não implique a nulidade dos atos praticados durante sua vigência. Ora, a proposta atual retoma essa linha, que ficou cortada na Constituinte de 1946, que extinguiu o decreto-lei, e aqui ela retoma o instituto do decreto, que surgiu em 1937 e foi desenvolvido em 1967 e 1969. Ao invés de nos colocarmos na linha que vem de 1946, colocamo-nos na que vem de 1967. E chegamos a utilizar, Sr. Presidente, terminologia de 1967. Dizemos, no art. 72, que o Presidente da República poderá, solicitado pelo Primeiro-Ministro, adotar medidas provisórias, com força de lei. É a mesma expressão utilizada em 1967, quando se dizia exatamente que o Presidente poderia expender decretos com força de lei. Por essa exposição que faço penso que fica claro qual a linha autoritária que existiu no nosso País a respeito da utilização desse instrumento e como a prática recente da utilização desse expediente foi nefasta à história recente da nossa República, no regime do General Figueiredo, quando tivemos uma grande quantidade de decretos-leis. O que mostra que esse tipo de expediente pode, em circunstâncias particulares, ser uma forma abusiva de utilização de poder. Por conseguinte, na hora em que estamos elaborando uma Constituição nova, num clima novo e pretendendo dar passos progressistas e democráticos no sentido de um Brasil novo, não seria conveniente mantermos no texto constitucional esse instrumento que tem essa origem a que me referi, de 1937 e de 1967. Deveríamos, sim, extirpar do texto constitucional esse instituto. Daí o destaque que faço e a proposta que encaminho pela emenda, que é de supressão do art. 72.

O SR. CONSTITUINTE EGÍDIO FERREIRA LIMA:

- Sr. Presidente, Srs. Constituintes, concebi esta criança como Relator da Comissão de Organização dos Poderes, e gostaria de vê-la nascida e que ela se tornasse um instrumento democrático e necessário à modernização do País. Constituinte Haroldo Lima comete um grave equívoco, pois confunde decreto que se transforma em lei, pelo caminho democrático com decreto-lei. Quem está influenciado pelo cacoete autoritário é o Constituinte Haroldo Lima. O decreto-lei foi concebido no Estado Novo, com Getúlio Vargas, quando não havia Congresso, e foi usado indiscriminadamente pelo regime autoritário que tivemos longamente — e que ainda temos agora. Oswaldo Trigueiro, que foi Ministro do Supremo Tribunal Federal, tem um belo trabalho na *Revista Forense* a respeito do decreto que se transforma em lei e que erroneamente chamam de decreto-lei. É interessante observar que esse estudo dele foi anterior à Constituição da Itália. Ali, ele mostra que o legislador, hoje, não é só o Parlamentar. Há hoje uma comunhão entre os Poderes Executivo e Legislativo quanto à elaboração da lei. A celeridade do processo histórico de hoje, a modernização e a complexidade da sociedade exigem instrumento ágil e preciso para que se possa atender aos casos relevantes e de urgência dentro da direção administrativa — que são muito comuns. Esse texto que aqui está é sábio. Não pertence a mim. É fruto quase literal da concepção, da sedimentação dos italianos como juristas e dos italianos como políticos. A tradução é literal e perfeita do que está na Constituição italiana e que dela se estendeu para a Constituição alemã, para a Constituição francesa, para a Constituição espanhola e para a Constituição portuguesa. Vejam que beleza de construção jurídica, constitucional e política este texto contém: "Em caso de relevância e urgência, o Presidente da República, por solicitação do Primeiro-Ministro, poderá adotar medidas provisórias, com força de lei, devendo submetê-las de imediato para conversão — ela não é lei — ao Congresso nacional, o qual, estando em recesso, será convocado extraordinariamente para se reunir no prazo de cinco dias. "Vejam a relevância dessa medida, vejam os limites estabelecidos a essa medida que obrigam inclusive à convocação imediata do Congresso, se estiver em recesso. Em seguida, o. parágrafo único diz que as medidas provisórias perderão eficácia, desde a sua edição — desde o momento em que editadas — se não forem convertidas em lei, no prazo de trinta dias, a partir de sua publicação, devendo o Congresso nacional disciplinar as relações jurídicas delas decorrentes: Os danos delas decorrentes poderão ser disciplinados pelo Congresso. Trata-se, portanto, de medida eficaz, heróica, necessária, indispensável a um Estado moderno, altamente democrática e juridicamente bem elaborada. Não podemos, nesta hora, evidenciar conservadorismo e atraso. Neste momento, temos o compromisso, perante o País e o seu futuro, de elaborar o que for de melhor. Fomos buscar no direito comparado o que de melhor ele fez e concebeu a respeito da matéria. Felizmente, para honra nossa, à mesmo época em que a Itália pensava em uma medida provisória, com força de lei, a ser submetida ao Congresso, o nosso Oswaldo Trigueiro, com lucidez, perspicácia e sedimentação, já pensava de maneira idêntica. Estou certo de que esta Casa manterá o texto, rejeitando a emenda.

O SR. CONSTITUINTE ADYLSON MOTTA:

– Sr. Presidente, Srs. Constituintes, tenho absoluta tranqüilidade quanto à aprovação do destaque que visa à supressão do art. 72. O PMDB é maioria nesta Casa e tenho bem presente a sua promessa, feita no palanque eleitoral, de abolir os instrumentos da exceção e, especificamente, se referiu ao decreto-lei e ao decurso de prazo. Então, quanto à aprovação, eu, que ainda confio nos políticos, tenho á tranqüilidade de que a maioria do PMDB vai garanti-la. Sr. Presidente, quero apenas dizer ao orador que me antecedeu — um homem brilhante a quem tenho apreciado ao longo das suas manifestações nesta Casa — que a Constituição brasileira de 1946 tida como modelo das Constituições brasileiras, não tinha inserido entre os seus preceitos o instituto do decreto-lei, que foi criado no regime autoritário de 1937 e repetido no regime discricionário de 1967. Parece-me, Sr. Presidente, que nos vinte anos que medeiam entre o início da redemocratização e a Revolução de 1964, não houve prejuízos irreparáveis no Brasil pela ausência da figura do decreto-lei no texto constitucional. Quero acrescentar que na Itália é usado o decreto-lei. A Constituição de 1947 o admitia, mas no dia da sua publicação era remetido para o Congresso apreciá-lo. Neste caso, fala-se em "imediatamente" e dá-se um prazo de cinco dias para o Congresso apreciá-lo. Apenas para ilustrar: temos 129 decretos-leis dormitando nas gavetas e nos escaninhos do Congresso Nacional porque não conseguimos, durante um ano fazer uma reunião sequer com *quorum* para apreciá-los. O Presidente da República, que prometeu nunca mais utilizar o instituto do decreto-lei, já o acionou 87 vezes. E o mais grave é que passou quatro meses e quatro dias sem remetê-los para o Congresso Nacional. Embora não haja no texto atual a palavra "imediatamente", se pressupõe que num tempo relativamente curto S. Ex.ª cumpra o seu dever constitucional de submeter essas medidas à apreciação do Congresso. Então, Sr. Presidente, pela experiência que temos nesta Casa, sou obrigado a defender a supressão da reedição do instituto do decreto-lei, embora de maneira um pouco disfarçada. O decreto-lei tem sido acionado indevidamente pelo Governo porque nunca se caracterizaram, nas hipóteses contempladas, a urgência e a extrema necessidade. Muitas vezes o decreto-lei está sendo baixado com aumentos de despesa, apesar de que o outro pressuposto para sua edição seja não haver aumento de despesa. Por todas essas razões, Sr. Presidente, vou encaminhar contrariamente. Quero apenas referir que o decreto-lei, hoje, gera efeitos até a sua apreciação pelo Congresso, o que significa dizer que faz um ano que estamos governando com uma série de prejuízos para a sociedade porque o Congresso não os aprecia. Estamos sendo, então, coniventes. Pela proposta apresentada, o decreto perde seus efeitos a partir do dia da sua publicação. Mais uma responsabilidade ao Congresso que vai ter de encontrar uma fórmula para disciplinar as relações jurídicas decorrentes dos efeitos causados pela edição do decreto. Vai terminar estourando mais uma vez em cima do

Congresso a responsabilidade pela edição desse instrumento de exceção. Por isso, Sr. Presidente, com absoluta convicção, voto contrariamente à existência do decreto-lei no novo texto constitucional que se propõe.

O SR. CONSTITUINTE NELSON JOBIM:
– Sr. Presidente, Srs. Constituintes, ouvimos a palavra abalizada do eminente Constituinte do Partido Democrático Social do Rio Grande do Sul. Adylson Motta, que fez um brilhante discurso e uma longa análise daquilo que não está sendo votado neste momento. S. Ex.ª referiu-se ao decreto-lei constante da Carta de 1969, com o qual seu partido sobreviveu por muitos anos. E a Carta de 1969 nada tem a ver, absolutamente, com o texto do art. 72 do projeto do Sr. Relator. São duas coisas completamente distintas. Dizia-se, e se diz, no §1º do art. 55 da Constituição de 1969:

§1º – "Publicado o texto, que terá vigência imediata, o decreto-lei será submetido pelo Presidente da República ao Congresso Nacional, que o aprovará ou rejeitará, dentro de sessenta dias a contar do seu recebimento, não podendo emendá-lo; se, nesse prazo, não houver deliberação, aplicar-se-á o disposto no §3º do art. 51", que era exatamente o decurso de prazo.

"§2º – A rejeição do decreto-lei não implicará a nulidade dos atos praticados durante a sua vigência."

Este era e é o modelo legislativo da Carta de 1969. Pelo que se lê no art. 72 do texto, não se usa a palavra "decreto-lei", mas a expressão "medidas provisórias com força de lei", sobre o que a Constituição italiana de 1948 dispõe. E eu queria lembrar ao eminente Constituinte Adylson Motta — e o ouvi com toda a atenção — que os cinco dias marcados para a medida vir ao Congresso não significa que o Congresso vai decidir a respeito. Se não decidir nos cinco dias, o decreto-lei ficará vigente? Absolutamente não. Basta a leitura atenta e sem os óculos deformadores da ideologia. Vejamos o art. 72:"... poderá adotar medidas provisórias, com força de lei devendo submetê-las, de imediato — não no dia seguinte, como queriam os italianos para a conversão — que é o instituto que o decreto-lei de 1969 não conhecia — ao Congresso Nacional, o qual, estando em recesso, será convocado extraordinariamente para se reunir no prazo de cinco dias.

Parágrafo único – As medidas provisórias perderão eficácia, desde a sua edição, se não forem convertidas em lei, no prazo de trinta dias, a partir da sua publicação..."

Então, vejam V. Ex. as que se a medida provisória editada pelo Governo não for convertida em lei, pelo Congresso, no prazo de trinta dias, perde a eficácia. O que diz a Carta de 1969, produzida no bojo do partido do eminente Constituinte Adylson Motta? O contrário: se o Congresso não apreciar a matéria em sessenta dias, ela se transforma em lei, de imediato. Poderia o Congresso emendar? Não, não poderia. Ora, Sr. Presidente e

Srs. Constituintes, a figura das medidas provisórias com força de lei se radica na Constituição italiana de 1948 com essa configuração democrática. Está, na Constituição grega, lapidarmente redigida e também, de forma um pouco diversa, na Constituição francesa, porque lá se exige uma lei de autorização. Essa lei de autorização pretendida pelo Governo, se aprovada, permite que o Governo no âmbito legal emita as *ordonnances*, que equivalem aos nossos decretos-leis. Este é o instituto insculpido pelo Sr. Relator, que mostra realmente que estamos produzindo um texto democrático, mas adaptado a um mundo moderno, às ânsias deste, e que permite, em casos de relevância e urgência atos dessa natureza. Mas a soberania completa, popular, que deve existir na representação do Congresso, está plenamente assegurada. Daí porque encaminho a votação favoravelmente a manutenção do texto original pois aqui não se trata daquilo a que o eminente Constituinte Adylson Motta quis referir-se. Aqui não é o Decreto-lei de 1969; são as medidas provisórias, modernas, embasadas nas Constituições ocidentais, que têm que ser mantidas como uma forma lógica e consciente de legislar num mundo que corre muito mais rápido que o modelo de Parlamento em que ainda vivemos, que é o das democracias do século XIX. Precisamos ter consciência disso, consciência que a Europa teve logo após a guerra, logo após o fascismo, que a Grécia teve logo após a queda dos coronéis, e que teremos aqui neste Brasil de 1987.

O SR. RELATOR (Adolfo Oliveira):
– Sr. Presidente, seremos muitíssimo breve. O eminente Relator-Geral, nobre Constituinte Bernardo Cabral, deixou-nos as linhas gerais da defesa do seu texto. Mas confesso — e acredito que falo em nome dos nobres Constituintes José Fogaça e Antônio Carlos Konder Reis — que dificilmente essas linhas mestras, de defesa do texto ultrapassariam os limites do que foi aqui articulado e enunciado pelos nobres e eminentes Constituintes Egídio Ferreira Lima e Nelson Jobim. Vamos, todos, ter a maturidade de reconhecer a necessidade de que existam instrumentos legais ágeis e modernos, sem as características desmoralizadas do decreto-lei, ditatorial e autoritário, como sempre foi, objeto de uso e de abuso. O texto disciplina muitíssimo bem o que teremos daqui por diante, com um instrumental legislativo moderno, adequado, democrático e correto. Por estas razões, Sr. Presidente, exaltando o alto nível do debate, a Relatório subscreve *in totum* os conceitos emitidos pelos nobres Constituintes Egídio Ferreira Lima e Nelson Jobim, defendendo o texto e dando parecer contrário à emenda[34] (grifos no original).

A votação resultou em 11 votos pela aprovação do destaque e 68 votos contrários a ele, o que resultou na manutenção do instituto.

---

[34] Disponível em: <http://www.senado.gov.br>. Acesso em: jul. 2011.

Duas conclusões importantes devem ser destacadas: a superação da hipertrofia do Poder Executivo poderia ser superada através da implantação do sistema parlamentarista; o mesmo problema poderia, também, ser enfrentado através da extinção das funções legislativas do Poder Executivo.

Ocorre que o desenho parlamentarista advindo da Comissão de Organização dos Poderes e Sistema de Governo absorvia na mudança do presidencialismo para o parlamentarismo a atuação legislativa do Poder Executivo, com inspiração na Constituição da Itália.

Em novembro de 1987 a Comissão de Sistematização encerrou seus trabalhos, mantendo o sistema parlamentarista e a possibilidade de edição de medidas provisórias, conforme proposto inicialmente pela Comissão de Organização dos Poderes e Sistema de Governo. As matérias *sistema de governo* e *medidas provisórias* passaram, então, a ser objeto de discussão e votação no Plenário.

Em abril de 1988, em votação realizada no Plenário, foi rejeitada a implantação do sistema parlamentarista de governo, tendo sido a medida provisória ajustada ao sistema presidencialista. O requerimento por parte do primeiro-ministro, como condição para a edição de medida provisória, não seria mais possível, visto a supressão desta autoridade do texto constitucional.

Devemos observar que a derrota do sistema parlamentarista causou comoção no Congresso Nacional, especialmente porque o voto de constituintes pouco assíduos foi decisivo para o resultado pelo presidencialismo. A reação dos partidários do sistema parlamentarista foi a defesa ardorosa de um dispositivo transitório que retomasse a discussão sobre o tema cinco anos após a promulgação da Constituição. Os debates realizados em plenário sobre o plebiscito mostram o quão acirrada foi a disputa entre presidencialistas e parlamentaristas, bem como inflamada foi a defesa do plebiscito em 1993.

De qualquer forma, a intenção de fortalecer o Poder Legislativo através da adoção do sistema parlamentarista se viu frustrada. Por outro lado, um instrumento que no parlamentarismo teria um desenho institucional diferenciado, visto que implicar o primeiro-ministro na edição de medidas provisórias acarreta o controle político/jurídico de tais medidas pelo parlamento, passou a ser adotado no presidencialismo, sem os controles característicos do outro sistema de governo, gozando o Presidente da República de maior liberdade na edição de tais medidas.

A ideia de criar o "voto de desconfiança" do Presidente da República, defendida após a rejeição do parlamentarismo, foi uma das maneiras através das quais se buscou instituir uma forma de controle de edição de medidas provisórias pelo Presidente, a qual restou, entretanto, derrotada. Vejamos a discussão sobre o tema:

Restringindo faculdades concedidas ao Presidente da República, depois das reformas constitucionais adotadas a partir de 1964, a Constituinte despiu o presidencialismo brasileiro de suas características majestáticas, objeto de tantas das procedentes críticas dos parlamentaristas. Ao transferir inúmeras delas para o Congresso, fortalecemos a representação política do País, ao mesmo tempo em que, ampliando as prerrogativas do judiciário, demos a esse poder o lugar tão longamente reclamado pela Magistratura brasileira. Não tenho dúvidas de que o modelo político que adotamos é razoavelmente mais equilibrado do que aqueles que tivemos até hoje, muito embora uma respeitável e poderosa parcela da opinião pública preferisse reformar o sistema de governo de maneira ainda mais radical, através da adoção do parlamentarismo. Se não chegamos a tanto, porém, sem dúvida alguma conseguimos avanços que constituem passos decisivos na modernização do modelo político e institucional. Detenho-me, por isso, nas mudanças mais expressivas constantes dos Capítulos da Presidência, do Governo do Poder Judiciário e das Funções essenciais à Administração da Justiça, do Título da Organização dos Poderes e do Sistema de Governo e dos Capítulos do Estado de Defesa e do Estado de Sítio, das Forças Armadas e da Segurança Pública, do Título da Defesa do Estado e das Instituições democráticas: No que diz respeito ao Executivo, a aprovação da emenda presidencialista significou, entre outras coisas, o fim do decreto-lei como instrumento de política legislativa, revogando uma faculdade que todos consideravam abusiva, não só na medida em que o seu uso se generalizou além dos limites previstos na Emenda Constitucional nº 01/69, mas sobretudo na proporção em que o próprio Legislativo se tornou conivente com esse abuso, demitindo-se do seu dever constitucional de apreciá-los para aprová-los ou rejeitá-los, situação, por sinal, que se agravou sensivelmente a partir de 1985. Conquista de igual significação no caminho da democratização do poder, foi também o fim do instituto parlamentar do "decurso de prazo", sem que isso signifique desarmar o Executivo do uso de instrumentos de emergência que o próprio texto constitucional prevê, para aplicação em casos excepcionais. A possibilidade da aprovação pelo Congresso de voto coletivo ou individual de desconfiança, por sua vez, ainda que largamente criticada pelos que entendem ser instituto próprio do sistema parlamentar, constitui a meu ver uma etapa a mais no caminho da possível "parlamentarização" do sistema de governo. Sob esse aspecto, portanto, não chego a considerá-la uma impropriedade, mas apenas a manifestação de nosso desejo de criar instrumentos que permitem ao Presidente da República governar de forma politicamente mais articulada e em consonância com as tendências e manifestações da maioria parlamentar.

Não posso deixar de considerar, aliás, em reforço de minha tese, que a matriz do sistema presidencialista, que é a Constituição americana de 1787, prevê expressamente, não a manifestação de desconfiança, mas, em contrapartida, a manifestação prévia de confiança da base política do Governo, ao conceder ao Senado a faculdade de aprovar ou rejeitar as indicações do Presidente para a composição de seu Ministério. Ora, se no típico presidencialismo americano se admite tal tipo de manifestação de concordância, por que se impediria que o presidencialismo brasileiro, calcado em nossa realidade política e em nossa experiência histórica, adotasse manifestações de discordância do Congresso, em relação ao Ministério?[35]

No sistema presidencialista, a medida provisória acabou se aproximando, em diversos traços, do decreto-lei, situação que se mostrou indesejada no pronunciamento de diversos constituintes. Tal fato se deve também, em larga medida, à escassez de discussões específicas, ao longo do processo constituinte, acerca de limites, expressos no texto, à edição de medidas provisórias.

O tema esteve durante a maior parte da Constituinte atrelado ao sistema parlamentarista, como as vias de controle que lhe são específicas, em particular a estreita relação entre o primeiro-ministro e o legislativo. No semestre derradeiro ocorreu a mudança do sistema de governo e os ajustes da medida provisória ao sistema presidencialista, o que resultou em um texto bastante simples, sem qualquer limite expresso à edição de medidas provisórias.

A preocupação central dos parlamentaristas não eram as medidas provisórias, mas a possibilidade de retomar o debate sobre o sistema de governo por ocasião de uma revisão constitucional. São diversas as manifestações neste sentido. Os esforços se voltaram para o dispositivo transitório, o qual acabou por ser promulgado, até porque os constituintes menos assíduos, que asseguraram a vitória do presidencialismo, não tiveram na votação dos dispositivos transitórios a mesma presença.

Diante da redação sintética do artigo 62 da Constituição, coube aos doutrinadores e aos tribunais, em especial o Supremo Tribunal Federal, buscar a melhor configuração para as medidas provisórias, particularmente em relação a temas como possibilidade de reedição, a configuração jurídica de relevância e urgência e os limites materiais à sua edição.

O pensamento produzido pela doutrina e pelo Supremo Tribunal Federal consolidou alguns limites à edição de medidas provisórias e

---

[35] Disponível em: <http://www.senado.gov.br>. Acesso em: jul. 2011.

limites relativamente claros entre as medidas provisórias e a delegação legislativa. Não é por acaso que a última delegação legislativa no plano federal[36] ocorreu exatamente no momento em que havia certa convergência entre doutrinadores e jurisprudência acerca dos limites à edição de medidas provisórias.

Tal convergência, entretanto, foi se desfazendo rapidamente em poucos anos. O primeiro tema a causar o distanciamento entre a doutrina e a jurisprudência do Supremo Tribunal Federal foi a possibilidade ou não de reedição.

Em 1989 a matéria foi objeto de parecer da Consultoria Geral da República, na qual o Consultor-Geral Saulo Ramos manifestou-se no sentido da natureza privativa da avaliação de relevância e urgência quanto à edição de medidas provisórias, o que justificaria também a sua reedição, em particular quando as circunstâncias motivadoras da relevância e urgência da medida estivessem ainda presentes, a juízo apenas do Presidente da República, não cabendo ao Congresso Nacional imiscuir-se nesta avaliação.

O Supremo Tribunal Federal endossou em parte tal conclusão, colocando-se contra o que a doutrina majoritária à época defendia: a impossibilidade de reedição de medidas provisórias, ao menos na mesma sessão legislativa, em razão do teor do artigo 67, CR. O Supremo Tribunal Federal entendeu que a reedição apenas seria vedada quando houvesse rejeição expressa à conversão da medida provisória em lei pelo Congresso Nacional, não sendo, entretanto, vedada em caso de não apreciação da matéria no prazo constitucional.

As eleições presidenciais de 1989 e a posse do Presidente Fernando Collor de Mello em 1990 ocorreram em um contexto no qual havia certa convergência entre os doutrinadores e o Supremo Tribunal Federal acerca da edição de medidas provisórias, ressalvado o tema da reedição como vimos acima.

A atuação legislativa do Presidente Collor foi comparativamente limitada, seja porque a medida provisória era ainda um instrumento limitado em sua edição, seja porque a delegação legislativa era ainda um procedimento efetivo no plano federal. Foi Collor de Mello o último Presidente da República a solicitar delegação legislativa ao Congresso Nacional, tendo sido também o que proporcionalmente editou o menor número de medidas provisórias.

Os fatos ocorridos no segundo semestre de 1991, que resultaram na instauração de uma Comissão Parlamentar de Inquérito para investigar atos praticados por um dos membros mais próximos do Presidente

---

[36] Resultaram na elaboração das Leis Delegadas nº 12 e nº 13 de 1992.

no Palácio do Planalto, potencializaram uma mudança significativa na atividade legislativa do Presidente da República.

As apurações iniciadas em 1991 tiveram repercussões sobre o Presidente Collor em 1992. O Congresso Nacional passou a se dedicar quase com exclusividade ao *impeachment* do Presidente da República. Quando a Câmara dos Deputados autorizou a instauração do processo por crime de responsabilidade, com o consequente impedimento do Presidente, o Vice-Presidente Itamar Franco substituiu Fernando Collor de Mello. O Congresso Nacional permanecia imerso no processo de *impeachment*, agora em sua fase de julgamento no Senado Federal.

Estando a atividade legislativa do Congresso Nacional comprometida em razão do *impeachment*, o Presidente Itamar Franco passa a governar com a edição intensa de medidas provisórias. O aumento no volume de sua edição é vertiginoso, sendo até hoje o Presidente Itamar Franco o que mais se valeu das medidas provisórias.

Durante todo o ano de 1992, quando Itamar Franco assumiu interinamente a Presidência, o Congresso se ocupou do *impeachment*. Ao final de 1993, com a renúncia de Collor de Mello, ocorre a sucessão por Itamar Franco. O quadro legislativo, entretanto, pouco se alterou. Isso porque a sessão legislativa de 1993 começa com diversas denúncias de corrupção de deputados e senadores e com a instauração de uma nova Comissão Parlamentar de Inquérito, que recebeu a alcunha de "CPI dos Anões do Orçamento". O objeto investigado era a atuação de deputados e senadores na liberação de verbas previstas em emendas parlamentares à lei orçamentária, liberação esta que teria conexões com as autoridades do Poder Executivo que haviam sido afastadas de seus cargos no ano anterior. Importante destacar que boa parte dos deputados e senadores investigados em 1993 fizeram parte do bloco que dava sustentação legislativa ao Presidente Collor nos primeiros anos de seu governo, mas que dele se afastaram por ocasião do *impeachment*, vários deles votando pela admissão do processo na Câmara e pela condenação no Senado.

As atividades desta CPI comprometeram o trabalho legislativo durante o primeiro período legislativo de 1993, visto que mais de uma centena de membros do Congresso Nacional chegaram a ser investigados até que fosse alcançado um acordo para encerrar os trabalhos de investigação e pudesse ter início uma nova fase dos trabalhos no Congresso Nacional: a Revisão Constitucional.

O comprometimento dos trabalhos legislativos em 1993 reforçou a já estabelecida atividade legislativa pela via da medida provisória e o início da Revisão Constitucional não ajudaria a modificar este quadro.

Se em 1992 e primeiro semestre de 1993 o Congresso Nacional não desenvolveu de forma regular suas atividades legislativas em razão das diversas investigações que promoveu e suas consequências, no segundo semestre de 1993 o Congresso Nacional passa a se dedicar à revisão da constituição, deixando de lado a tarefa legislativa rotineira. A revisão constitucional teve início em outubro de 1993 encerrando suas atividades em junho de 1994, sem corresponder às muitas expectativas criadas em torno de seus resultados.

Como consta dos Anais da Constituinte e mencionado acima, o plebiscito para definição da forma e do sistema de governo foi a principal bandeira dos parlamentaristas após a derrota em Plenário. Por outro lado, o plebiscito seria o elemento deflagrador da revisão constitucional, que teria início em menos de um mês após a consulta popular. A aprovação do parlamentarismo demandaria a revisão constitucional, a qual atingiria elementos estruturais da Constituição.

O plebiscito inicialmente previsto para 07 de setembro de 1993 foi antecipado para 21 de abril daquele mesmo ano, resultando em manutenção da república e do presidencialismo. Este fato comprometeu os objetivos inicialmente traçados para a revisão constitucional e levou à formulação de novos propósitos. Devemos lembrar que a Constituição brasileira foi promulgada no ano que antecedeu a queda do Muro de Berlim e a profundas reflexões a respeito da ordem internacional após a queda do socialismo soviético. A conjuntura mundial afetou as projeções para a revisão constitucional, que passou a ser vista como um momento oportuno para reformar o Estado brasileiro, particularmente em sua atuação econômica.

O debate parlamentarista e a própria reflexão sobre as medidas provisórias restaram relegados a segundo plano, sem embargo do fato da revisão constitucional não ter ao final promovido reformas estruturais na intervenção do Estado no domínio econômico, em razão principalmente de seus impasses internos. Ao final foram promulgadas seis emendas de revisão, nenhuma delas influindo em aspectos estruturais.

A edição de medidas provisórias continuou sendo a via usual do Presidente da República, que nesse período, inclusive, editou, por essa via, uma das mais importantes medidas legislativas daquele período: O Plano Real.

Concluídos os trabalhos de revisão da Constituição, as atividades do Congresso Nacional foram bastante reduzidas em razão das eleições presidenciais do ano de 1994. A consequência natural foi a continuidade no emprego de medidas provisórias como via ordinária de legislação.

Os fatos ocorridos entre 1992 e 1994, sucintamente narrados acima, contribuíram sobremaneira para modificar a jurisprudência do Supremo Tribunal Federal sobre medidas provisórias, afastando definitivamente sua visão jurisprudencial daquilo que o pensamento jurídico nacional pensara sobre o instituto.

Os três aspectos capitais citados acima, quais sejam, reedição, pressupostos de relevância e urgência e limites materiais, passaram a ser considerados de forma bastante flexível pelo Supremo Tribunal Federal. Essa flexibilização, compreensível durante o período de pouca atividade do Congresso Nacional descrito brevemente acima, dificilmente poderia ser revertido nos anos subsequentes. E de fato não houve reversão. Os Presidentes Fernando Henrique Cardoso e Luiz Inácio Lula da Silva, assim como o antecessor Itamar Franco, fizeram da medida provisória o seu principal instrumento de governo.

1.4 A separação de Poderes e o sistema de "freios e contrapesos": princípio da Constituição da República do Brasil de 1988

Como garantia da perpetuidade do Estado Democrático de Direito, a Constituição da República Federativa do Brasil de 1988 consagrou em seu artigo 2º as teorias da separação dos poderes e dos freios e contrapesos, ao afirmar que "são Poderes da União, independentes e harmônicos entre si, o Legislativo, o Executivo e o Judiciário".

Assim, o princípio da independência dos Poderes do Estado só pode ser entendido e corretamente aplicado em absoluta concordância com a harmonia entre esses poderes.

Como é cediço, o poder político é uno, indivisível, indelegável, porém se desdobra em diversas funções, para a realização de suas tarefas. Assim, nas palavras de Alexandre de Moraes, a Constituição Federal adotou o critério de divisão funcional dos poderes, que consiste em distinguir três funções estatais, quais sejam, legislação, administração e jurisdição, que devem ser atribuídas a três órgãos autônomos entre si.[37][38] É importante então não confundir separação ou divisão de poderes com distinção de funções de poder.

---

[37] MORAES, Alexandre de. *Constituição do Brasil interpretada e legislação constitucional*. 8. ed. São Paulo: Atlas, 2011. p. 137.

[38] Como elucida Rafael Bielsa, "atualmente o princípio da divisão de funções prevalece sobre o princípio da divisão de poderes, sobretudo porque no Estado de Direito as garantias jurídicas têm um fundamento mais jurídico que político" (*El Orden Politico y las Garantias Jurisdicionales*. [S.n.]: Buenos Aires, 1943. p. 34)

Assevera Pinto Ferreira que a divisão ou separação de poderes consiste em atribuir cada uma das funções governamentais (legislativa, executiva e/ou jurisdicional) a órgãos diferentes, independentes e especializados. Tais órgãos são denominados, pelos nomes de suas funções, órgão ou Poder Legislativo, órgão ou Poder Executivo, órgão ou Poder Judiciário. A separação de poderes por este critério funcional permite uma independência orgânica, uma especialização funcional, uma vez que cada órgão exerce determinada função, com harmonia e fiscalização recíproca dos poderes.[39]

Assim, a divisão, feita por um critério funcional, reparte, entre os três poderes de Estado, funções estatais e cria mecanismos de controles recíprocos. A limitação do poder pelo poder surgiu para possibilitar a existência de um governo harmônico, e consequentemente assegurar a liberdade dos indivíduos.

Desta forma, dividido o poder e individulizados seus órgãos, assim como superada a ideia da prevalência de um sobre o outro, através da compreensão da necessidade de equilíbrio, independência e harmonia entre eles, admitindo-se, inclusive a interferência entre eles, ganha força a ideia de controle e vigilância recíprocos de um poder sobre o outro relativamente ao cumprimento dos deveres constitucionais de cada um. Aí estão presentes os elementos essenciais caracterizadores do moderno conceito do princípio da separação dos poderes.

A partir de então se destaca a ideia de controle, aqui entendido tanto o exercício como o resultado de funções específicas que destinam a realizar a contenção do poder do Estado, seja qual for sua manifestação, dentro do quadro constitucional que lhe for adstrito.

Sob a égide da Constituição de 1988, o Poder Judiciário, por meio de medidas processuais constitucionais, poderá interferir, quando provocado, nas ações do Estado. Sem embargo, o Poder Judiciário está comprometido com o alcance dos objetivos fundamentais da República.

Informação bibliográfica deste texto, conforme a NBR 6023:2002 da Associação Brasileira de Normas Técnicas (ABNT):

BARACHO JÚNIOR, José Alfredo. O princípio da separação de poderes e atuação do poder executivo no processo constituinte. *In*: BARACHO JÚNIOR, José Alfredo; LIMA, Eduardo Martins de (Coord.). *Medidas Provisórias no Brasil*: origem, evolução e perspectivas. Belo Horizonte: Fórum, 2013. p. 13-47. ISBN 978-85-7700-798-1.

---

[39] FERREIRA. *Comentários à Constituição brasileira*, p. 37-41.

CAPÍTULO 2

MEDIDAS PROVISÓRIAS E SISTEMAS DE CONTROLE

EDUARDO MARTINS DE LIMA

VIRGÍNIA SILAME MARANHÃO LIMA

Introdução

Como função atípica exercida pelo Chefe do Executivo, a regulamentação normativa das medidas provisórias encontra-se na Constituição da República promulgada em 1988.

Celso Antônio Bandeira de Mello (1997) pondera que o constituinte de 1987/1988 adotou o instituto da medida provisória como instrumento excepcional face aos mecanismos ordinários do processo legislativo, condicionando o exercício da competência presidencial para sua edição aos pressupostos de relevância e urgência e limitando, assim, sua utilização a casos que demandem imediato enfrentamento por parte do Poder Executivo Federal.

Sem sombra de dúvida, os pressupostos constitucionais, relevância e urgência, restringem, ou deveriam restringir, sensivelmente a edição de medidas provisórias por parte do Presidente da República.

Cediço é que relevância e urgência são cláusulas abertas, que acabou por se valer, por certo tempo, de uma interpretação discricionária do chefe do Poder Executivo Federal sobre a conveniência e oportunidade de editar as referidas espécies normativas.

Logo, o exercício dessa competência estabelecida pela Constituição ao Presidente da República há de ser excepcional, não significando dessa forma a ruptura do princípio da separação de poderes, pois é a própria Constituição que lhe confere a prerrogativa.

Entretanto, o que se configurou ao longo dos anos foi centralização de Poder nas mãos do Presidente da República, que diuturnamente implementava sua agenda por meio de medidas provisórias, sem se preocupar com a existência de relevância e urgência para sua edição, comprometendo a segurança jurídica prevista constitucionalmente e alicerçada nos parâmetros do Estado Democrático de Direito.

Nesse diapasão, a atuação dos demais Poderes de Estado e o exercício do seu *mister* constitucional, por meio da imposição de limites a essa hipertrofia do Poder Executivo, são imperiosos ao aperfeiçoamento das teorias da separação de poderes e dos "freios e contrapesos", corolários indispensáveis à perpetuidade do Estado Democrático de Direito.

De acordo com tais linhas mestras, neste capítulo tem-se como objetivo verificar a forma de atuação do Poder Legislativo (Congresso Nacional) e do Poder Judiciário (Supremo Tribunal Federal), frente ao instituto das medidas provisórias incluído no ordenamento jurídico pátrio a partir da Constituição de 1988.

2.1 Gênese e natureza jurídica da medida provisória

O Estado Democrático de Direito no contexto brasileiro (CR, art. 1º, *caput*), estruturado na forma da teoria da separação dos Poderes de Estado (CR, art. 2º), demanda um processo efetivamente democrático para a formação das leis que irão reger a vida em comum dos seus concidadãos, razão pela qual o Poder Legislativo deve ser "[...] no mínimo co-partícipe efetivo da tarefa legislativa, cabendo-lhe a tarefa precípua de emprestar à legislação a ser adotada o caráter pluralístico típico das casas parlamentares" (CARVALHO NETTO, 1992, p. 15).

Nesse contexto, o constituinte de 1987/1988 adotou a medida provisória como instrumento excepcional face aos mecanismos ordinários do processo legislativo, tendo força de lei, condicionando o exercício da competência presidencial para sua edição aos pressupostos de relevância e urgência, devendo submetê-la de imediato ao Congresso Nacional (CR, art. 62, *caput*). A seu turno, o art. 84 da Constituição prevê a competência privativa do Presidente da República para editar medidas provisórias nos termos do próprio art. 62. Observe-se que a utilização de medidas provisórias está limitada a casos absolutamente graves, imprevisíveis e que demandem imediato enfrentamento por parte do Poder Executivo Federal.[1]

Como nos ensina Kildare Gonçalves Carvalho (2006), as medidas provisórias, previstas no art. 62 da Constituição, encontraram inspiração no art. 77 da Constituição italiana de 1947:

> Quando em casos extraordinários de necessidade e de urgência o Governo adote, sob sua responsabilidade, medidas provisórias (*provvedimenti provvisori*) com força de lei, deverá apresentá-las no mesmo dia para sua conversão às Câmaras, as quais, inclusive achando-se dissolvidas, serão devidamente convocadas e se reunirão dentro dos cinco dias seguintes. Os decretos perderão todo o efeito desde o princípio, se não forem convertidas em lei (*convertiti in legge*) dentro de sessenta dias de sua publicação. As Câmaras poderão sem embargo, regular mediante lei as relações jurídicas surgidas em virtude dos decretos que não tenham sido convertidos. (CARVALHO, 2006, p. 815, grifos do autor)

Ao adotar o instituto das medidas provisórias, o constituinte de 1987/1988 visava correção das distorções verificadas no regime militar, quando houve o abuso da atividade legiferante atípica do Poder Executivo por intermédio do decreto-lei previsto no art. 55 da Constituição brasileira outorgada em 1967.[2]

---

[1] A esse propósito veja-se: BANDEIRA DE MELLO, 1997, p. 27; DANTAS, 1991; MELLO FILHO, 1990; MÜLLER, 2000, em especial p. 141 *et seq*.

[2] O art. 55 da Constituição de 1967 que tratava dos decretos-lei foi parcialmente alterado em 1969 pela Emenda Constitucional nº 1/69 e passou a ter a seguinte redação:
Art. 55 O Presidente da República, em casos de urgência ou de interesse público relevante, e desde que não haja aumento de despesas, poderá expedir decretos-leis sobre as seguintes matérias: segurança nacional; finanças públicas, inclusive tributárias; e criação de cargos públicos e fixação de vencimentos.
§1º Publicado o texto, que terá vigência imediata, o decreto-lei será submetido pelo Presidente da República ao Congresso Nacional, que o aprovará ou rejeitará, dentro de sessenta dias a contar do seu recebimento, não podendo emendá-lo; se, nesse prazo, não houver deliberação, aplicar-se á o disposto no §3º do art. 51.
§2º A rejeição do decreto-lei não implicará a nulidade dos atos praticados durante a sua vigência.
Anteriormente à emenda, os decretos-leis estavam previstos no art. 58 sob a seguinte redação:
Art. 58 – O Presidente da República, em casos de urgência ou de interesse público relevante, e desde que não resulte aumento de despesa, poderá expedir decretos com força de lei sobre as seguintes matérias:
I – segurança nacional;
II – finanças públicas.
Parágrafo único – Publicado, o texto, que terá vigência imediata, o Congresso Nacional o aprovará ou rejeitará, dentro de sessenta dias, não podendo emendá-lo; se, nesse prazo, não houver deliberação o texto será tido como aprovado.

Posteriormente ao decreto-lei, com a promulgação da Constituição de 1988, transcrito em seu art. 62, surge o instituto das medidas provisórias. Dispunha o texto constitucional de 1988, na sua versão original, que:

> Art. 62 Em caso de relevância e urgência, o Presidente da República poderá adotar medidas provisórias, com força de lei, devendo submetê-las de imediato ao Congresso Nacional, que, estando em recesso, será convocado extraordinariamente para se reunir no prazo máximo de cinco dias.
>
> Parágrafo único: As medidas provisórias perderão eficácia desde a edição, se não forem convertidas em lei no prazo de trinta dias, a partir de sua publicação, devendo o Congresso Nacional disciplinar as relações jurídicas delas decorrentes.

De acordo com Argelina Figueiredo e Fernando Limongi (1999), o instituto das medidas provisórias tem sido considerado o sucedâneo e similar quanto aos efeitos do decreto-lei, que teve vigência durante o regime autoritário de 1964. Nesse contexto, mostra-se oportuno destacar as diferenças e similaridades dos antigos decretos-leis e das medidas provisórias. Da comparação desses dois institutos feita por Alexandre de Moraes (2011), verifica-se que os pressupostos para a edição do decreto-lei eram alternadamente em caso de relevância ou interesse público relevante, no caso das medidas provisórias é necessário que exista a cumulação dos pressupostos da relevância e da urgência.

O decreto-lei estava subordinado a uma condição de inocorrência de aumento de despesa e apontava as matérias que podiam ter por objeto, enquanto a medida provisória não depende de nenhuma condição financeira, e pode, em princípio, versar sobre toda e qualquer matéria.

O decreto-lei, em caso de ausência de manifestação do Congresso Nacional era considerado como definitivamente aprovado por decurso de prazo e a medida provisória necessita de aprovação expressa do Congresso Nacional para ser convertida em lei.

O decreto-lei podia somente ser aprovado ou rejeitado *in totum*, não permitindo emendas por parte dos parlamentares, ao passo que isso não ocorre com as medidas provisórias. Essas podem ser aprovadas *in totum*, submetidas a alterações parciais ou rejeitada expressa ou tacitamente.

A rejeição do decreto-lei não acarretava a nulidade dos atos praticados durante sua vigência, ao passo que a medida provisória não tem eficácia, desde a edição, se não for convertida em lei, cabendo ao

Congresso Nacional disciplinar as relações jurídicas dela decorrentes. Assim, a rejeição da medida provisória produz efeitos *ex tunc*.

Pode-se concluir por meio do demonstrado que, dentre as semelhanças desses dois institutos, ambos fazem parte do processo legislativo (o primeiro no art. 49, inc. V, na Constituição de 1967 e o segundo no art. 59, inc. V, Constituição de 1988); tanto os decretos-leis quanto as medidas provisórias são atos do Poder Executivo com força de lei; ambos têm como pressupostos constitucionais a urgência e/ou interesse público relevante; os dois institutos devem ser apreciados pelo Congresso Nacional e as relações jurídicas oriundas devem ser reguladas por lei.

Dentre as suas diferenças, aponta-se o caráter provisório das medidas, a delimitação expressa do campo de atuação do decreto-lei em seu art. 55, inc. I, II e III (com redação de 1982); a possibilidade de emenda da medida provisória pelo legislador, não sendo permitida no decreto-lei; os diferentes prazos de aprovação e de exame; a aprovação tácita do Congresso Nacional, em não havendo manifestação do mesmo acerca da matéria, no decreto-lei; no decreto-lei os requisitos são alternativos, ou seja, urgentes *ou* relevantes, ao passo que nas medidas provisórias os mesmos requisitos não são alternativos, nesse caso são urgentes *e* relevantes.

Observação interessante e que condiz com o desiderato do constituinte de 1987/1988 em restringir o uso deste veículo normativo e demonstrar a excepcionalidade de seu uso é que os pressupostos de edição do decreto-lei estavam subordinados ao atendimento da relevância *ou* urgência, enquanto as medidas provisórias devem atender aos dois predicados, quais sejam, relevância *e* urgência.

Adicionalmente, observa-se dentre as diferenças desses dois institutos o contexto em que foram criados, pois o decreto-lei adveio de uma Constituição, a de 1967, que converteu o Presidente da República em legislador e consagrava a ditadura presidencial, enquanto que a medida provisória aparece pela primeira vez no texto constitucional de 1988, texto esse que preza o princípio da separação de poderes e a garantia dos direitos individuais, promulgado dentro de um novo paradigma, em um ambiente político constitucional democrático. No entanto, em ambos os momentos, ou seja, na Constituição de 1967, bem como na Constituição de 1988, o Presidente da República legisla por meio dos referidos institutos.

Se por um lado há um consenso doutrinário quanto à gênese do instituto das medidas provisórias, por outro se discute há muito sua natureza jurídica. Tamanha é a discordância, que parte dos doutrinadores a considera lei em sentido amplo, outros, ato administrativo com força de lei e alguns, ato de governo.

Clèmerson Merlin Clève (1999) entende que as medidas provisórias configuram-se como espécies legislativas autônomas, integrantes do processo legislativo na forma do art. 59 da Constituição.

Para o autor, a natureza jurídica das medidas provisórias pode não ser lei no sentido orgânico e formal, mas é lei no sentido de que produz força de lei, já que tem o poder de inovar originariamente a ordem jurídica.

O autor, ainda, admite as medidas provisórias como sendo providências com força de lei, sendo uma lei especial, tendo em vista o seu caráter de urgência. Nesse mesmo sentido, Rogério do Nascimento afirma que:

> As medidas provisórias são medidas de urgência, um fenômeno bastante conhecido da dogmática, no campo da aplicação do Direito e que, no entanto, embora menos percebido, também ocorre na produção das normas. O reconhecimento da necessidade de tutela da urgência, no processo, ou seja, de que, em certas situações, excepcionais, é preciso adotar medidas destinadas a preservar a efetividade de um provimento jurisdicional futuro, ameaçado diante dos efeitos do curso do tempo, sobre as pessoas e sobre as coisas, levou a que se admitissem decisões judiciais dotadas de força executiva imediata [...], sob a forma de providencias cautelares [...]. (NASCIMENTO, 2004, p. 203)

Eros Roberto Grau coaduna do mesmo entendimento e afirma ser: "[...] este, portanto, o aspecto a deixar bem vincado: medidas provisórias são leis especiais dotadas de vigência provisória" (GRAU, 1990, p. 240).

No entanto, para outros autores, como, por exemplo, Marco Aurélio Greco (1991) e Hugo de Brito Machado (1994), a medida provisória é um ato administrativo, não tendo possibilidade de a mesma ser lei, em face da ausência de participação do Poder Legislativo na sua criação.

Em especial, Marco Aurélio Greco entende que as medidas provisórias possuem natureza jurídica de lei apenas após a sua conversão. Um dos argumentos utilizados é no sentido de que competência em que o Executivo se apoia ao editar medidas provisórias não é uma competência legislativa em sentido técnico. Salienta, ainda, que a previsão do art. 59 da CR/1988, que contempla o processo legislativo, compreende apenas as medidas provisórias que já foram convertidas em lei. Para reforçar sua tese, o autor disserta que:

A medida provisória é convertida em lei, logo, em si mesma não é lei, pois não se converte o que já é. Quanto à natureza, não difere de um decreto, é ato administrativo com força de lei, igualmente um ato oriundo do Poder Executivo. A competência que ele se apoia não é legislativa em sentido técnico. (GRECO, 1991, p. 15)

Celso Antônio Bandeira de Mello (1992, p. 64) discorda, entretanto, das correntes que afirmam serem as medidas provisórias leis ou atos administrativos com força de lei. Para o autor, medidas provisórias são atos de governo.

O autor afirma que medidas provisórias não se enquadram como atos administrativos uma vez que esses possuem regime jurídico próprio, são infraconstitucionais e são norteados pelos princípios da supremacia do interesse público sobre o privado e da indisponibilidade do interesse público, o que não ocorre com aquelas. O autor, também, não classifica medidas provisórias como leis, já que medidas provisórias são uma forma excepcional de regular certos assuntos, ao passo que as leis são a via normal de discipliná-los. Aponta, ainda, o autor que medidas provisórias possuem seu prazo e vigência previamente estabelecidos na Constituição da República, dessa forma quando não convertidas em lei, perdem sua eficácia desde sua edição, efeito *ex tunc*, ao passo que as leis, quando revogadas, seus efeitos são cessados *ex nunc*. Ademais, as medidas provisórias, para serem editadas, devem atender aos pressupostos de relevância e urgência, enquanto que as leis não possuem pressupostos para sua edição.

Quando da apreciação de medida liminar na Ação Direta de Inconstitucionalidade nº 293-7/600-DF,[3] cuja relatoria ficou a cargo do Ministro Celso de Mello, o Supremo Tribunal Federal firmou o entendimento de que as medidas provisórias são atos normativos primários emanados do Executivo, com força, eficácia e poder de lei, *in verbis*:

> As medidas provisórias configuram, no direito constitucional positivo brasileiro, uma categoria especial de atos normativos do Poder Executivo, que se revestem de força, eficácia e valor de lei. Reflete, na concepção de sua existência, uma significativa tendência que se registra no plano do direito constitucional comparado, e no da nossa própria experiência constitucional, no sentido de outorgar — inobstante em bases de excepcionalidade absoluta — competência normativa ao Executivo. (ADI nº 293-7/600-DF, julg. 1993)

---

[3] Disponível em: <http://redir.stf.jus.br/paginadorpub/paginador.jsp?docTP=AC&docID=346295>. Acesso em: 02 out. 2011.

Nesse diapasão, por excelência, é a medida provisória um ato normativo, pelo qual se inserem no mundo jurídico uma ou mais normas. Assim, sem enquadrar as medidas provisórias como lei, ato administrativo ou ato de governo, grande parte da doutrina a posiciona como ato normativo primário editado pelo Presidente da República. Nesse sentido, Eduardo Martins de Lima *et al.* observa que:

> A Medida Provisória é uma espécie de ato normativo primário excepcional no sistema da Constituição da República, pois dentre outros fatores, os pressupostos de relevância e urgência (CR, art. 62, *caput*) restringem sensivelmente a competência presidencial para a sua edição. (LIMA *et al.*, 2004, p. 2)

A despeito da discussão doutrinária acerca da natureza jurídica do instituto, no que concerne às medidas provisórias cabe ao Poder Executivo editá-las na sua atividade legislativa atípica, em caráter de exceção, pois a função precípua desse Poder é governar, administrar o Estado e executar e não editar leis.

Para tanto, apesar de a Constituição exigir a presença de relevância e de urgência para a edição de uma medida provisória pelo Presidente da República, constata-se que tais pressupostos são cláusulas abertas e gerais. As cláusulas abertas, consagradas nos ordenamentos contemporâneos, facilitam a adaptação da norma ao dinamismo da realidade social e, ao mesmo tempo, englobam as mais diversas situações e relações jurídicas.

Quando as Constituições adotam cláusulas abertas é possível ao texto constitucional adaptar-se ao complexo fático que ele pretende normatizar. Como afirma José Joaquim Gomes Canotilho, "[...] os preceitos constitucionais são modos de ordenação de uma realidade presente, mas com dimensão prospectiva (isto é: dirigida ao futuro)" (1994, p.192).

Vale ressaltar que a abertura das cláusulas constitucionais não dá ao agente político a prerrogativa de interpretar os conceitos da forma que melhor lhe interessar e convier, pois se faz necessário delimitar o significado dessas expressões com o intuito de proteger a Constituição e preservá-la para que não seja violada.

O constituinte brasileiro de 1987/1988 não especificou as situações que seriam de relevância e urgência, logo, esses pressupostos tornaram-se imprecisos abrangendo situações diversas.

Sobre o assunto, Anna Cláudia Rodrigues observa que "[...] ao se verificar o seu significado no caso concreto, torna-se possível a interação entre norma e realidade sempre em transformação, levando-se em consideração outros aspectos que não intrinsecamente jurídicos" (2001, p.64).

Não é tarefa fácil identificar contornos constitucionais às conformações dos pressupostos da relevância e urgência, pois deve-se observar não só o equilíbrio entre os poderes do Estado, mas também os parâmetros do Estado Democrático de Direito e levar em consideração os anseios da sociedade e a necessidade de dar uma resposta normativa às mudanças e transformações do contexto da vida contemporânea.

Autores, como Manoel Gonçalves Ferreira Filho (1992), afirmam que o termo relevância, pela impossibilidade de se estabelecer um conceito objetivo, ficaria entregue à discricionariedade do Presidente da República e, em seguida, do próprio Congresso Nacional.

Por outro lado, doutrinadores, como é o caso de Cármen Lúcia Rocha (2001), consideram que os critérios que delimitam o pressuposto da relevância devem ser estabelecidos atrelados sempre a uma necessidade pública e social. Analisando os pressupostos constitucionais de relevância e urgência e os trazendo para o contexto fático, Cármen Lúcia Antunes Rocha aponta que:

> Relevante é o que tem importância, é o que se põe como essencial, como dotado de qualidade indispensável à essência de um ato, de algo ou de alguém.
>
> [...]
>
> Pressupõe-se, então, que a relevância prevista constitucionalmente concerne à circunstância social a se tornar exercitável a competência descrita no art. 62 da Lei Fundamental da República brasileira. Esta circunstância tem de ser objetivamente demonstrativa de uma necessidade social de importância *insuperável por outra medida* que não aquela de natureza normativa (com força de lei), adotada provisoriamente pelo presidente da República.
>
> [...]
>
> E, somente quando a necessidade social imperiosa for urgente e demandar uma imediata resposta por meio de adoção da medida normativa presidencial haverá de ser legitimada a atuação excepcional do titular do Poder Executivo. *Há, pois, que se ler o art. 62 da Constituição na forma seguinte: em caso de relevância e quando esse caso de relevância for urgente.* (ROCHA, 2001, p. 58-59, grifos nossos)

A esse propósito, Anna Cláudia Rodrigues, por sua vez, observa que "[...] a relevância há de ser tal que a não adoção do ato normativo governamental poderá resultar em grave comprometimento da ordem pública, não estando, assim, relacionada a interesses particulares do Governo" (2001, p. 64).

Dessa forma, a relevância para a sociedade já justificaria a adoção do ato normativo por parte do Poder Executivo, contanto que não implique a satisfação de interesses particulares desse, sob o risco de resultar em sérios comprometimentos da ordem pública.

Alinhado a esse entendimento, Joel Menezes Niebuhr ainda nos lembra que as medidas provisórias são exceções constitucionais à regra da tripartição de poderes e nessa qualidade devem ser interpretadas. Ou seja, "[...] os pressupostos de relevância e urgência devem ser interpretados de maneira mais restritiva, limitando ao máximo a discricionariedade do Presidente da República para adotá-la" (NIEBUHR, 2001. p. 92).

Na linha de explicitar o significado do termo relevância, Clèmerson Merlin Clève pondera que "[...] possui relevância aquilo que é importante, proeminente, essencial, exigível, fundamental ou indispensável" (1999, p. 68-70).

Além do pressuposto relevância, é necessário, também, que a situação que exija a adoção de medida provisória seja urgente. Para Clève "[...] a urgência alia questão de data (momento) à condição social nela constatada" (1999, p. 71).

A conformação da urgência, por ser cláusula aberta, há de ser verificada no caso concreto, não havendo como estabelecer um significado prefixado, pois somente diante de situações fáticas determinadas poder-se-á averiguar a presença de tal requisito. Ressalte-se que é razoável considerar um prazo urgente quando esse não puder aguardar o desenrolar do regular processo legislativo de urgência, do contrário o Presidente da República poderia ter utilizado tal procedimento para regular uma determinada situação. Recorde-se acerca disso que a Constituição de 1988, em seu art. 64, §1º, autoriza o Presidente da República a pedir urgência em projetos de lei de sua iniciativa.

Acrescente-se, a isso, que não basta a alegação genérica do Presidente da República, mas sim se faz necessário que se apresente a circunstância que embasou o exercício da atividade legislativa pelo Poder Executivo. Autores, como Clèmerson Clève (1999, p.73), sustentam, inclusive, a obrigatoriedade de motivação da presença dos pressupostos de relevância e urgência, que ensejam a adoção da medida provisória pelo Presidente da República.

Sobre esse tema Anna Cláudia Rodrigues observa que:

Essa carga argumentativa do Presidente da República é ainda maior quando a medida provisória atinge ou restringe direitos fundamentais do cidadão — e não faltam medidas provisórias com esse conteúdo —, visto que a intervenção nos direitos fundamentais só se legitima com o respeito às regras fixadas constitucionalmente para o processo legislativo. O cidadão tem direito fundamental a que seja obedecido o trâmite legislativo para ter direito seu atingido. (2001, p.79)

Quando o Presidente da República edita uma medida provisória ele está exercendo uma função atípica, ou seja, legislando. Diante disso, é mister observar que o fato do Poder Executivo utilizar-se de sua atribuição atípica de legislar, tanto quando autorizado pela Constituição, por delegação atribuída pelo Congresso Nacional, tanto por autorização expressa pela Constituição de editar um ato discricionariamente, como ocorre ao editar uma medida provisória, a princípio não coloca em risco o postulado da separação de poderes. O que o ameaça é o uso do instituto de forma abusiva e exorbitante, sem prestar observância aos pressupostos constitucionais de relevância e urgência.

Na prática, o que se configurou foi a existência de um legislador solitário, o Presidente da República, exercendo poderes para os quais não foi eleito, ferindo atribuições constitucionais do Poder Legislativo. A exigência de urgência e relevância sendo sistematicamente ignorada e questões menores, que deveriam ser submetidas ao rito parlamentar ordinário, embutidas em medidas provisórias. Ademais, a implementação da agenda do Executivo frente ao Legislativo, diuturnamente, se dando por meio de medidas provisórias.

Um exemplo de grande impacto social foi a edição da Medida Provisória nº 168/90 — depois convertida na Lei nº 8.024/90 —, pela qual Fernando Collor de Melo, um dia após assumir a Presidência da República, instituiu o Plano Brasil Novo: pacote econômico que bloqueou todos os ativos financeiros que ultrapassassem a quantia de NCZ$50 mil (cinquenta mil cruzados novos) e os transferiu ao Banco Central.

Os sucessivos presidentes vinham também editando medidas provisórias nas áreas econômica (planos de estabilização), administrativa (reestruturação do aparelho de Estado e da administração pública, matéria tributária e orçamentária), social (reajustes de mensalidades escolares, aluguéis, gestão e operação de fundos, por exemplo), política e até em homenagem a personalidades (FIGUEIREDO; LIMONGI, 1999).

Assim, fácil é a conclusão de que o Executivo se transformou no principal agente de políticas públicas, ao longo do século 20, editando medidas provisórias que não cumpriam os pressupostos de relevância e urgência, extrapolando há muito sua função típica de administrar o Estado e executar fielmente as leis.

Necessária, pois, a imposição de limitações efetivas ao exercício de sua atividade atípica legiferante.

Nesse contexto, oportuna é a reflexão sobre a atuação do Poder Legislativo — por meio do Congresso Nacional — e do Poder Judiciário — por meio do Supremo Tribunal Federal —, enquanto agentes dos "freios e contrapesos", necessários ao Estado Democrático de Direito. Nas palavras de Charles Pessanha:

> Novos mecanismos de controle, novos processos de *accountability*, [...], tendem a reforçar o aparato fiscalizador das ações do gabinete executivos. Assiste-se nos países de tradição democrática, à reação dos próprios parlamentos impondo regras restritivas do abuso parlamentar, ou à ação das Cortes Judiciárias na defesa de procedimentos constitucionais. (PESSANHA, 2002, p. 178, grifo do autor)

Assim, o ponto fulcral de nossa reflexão se estriba no fato de ser imperioso ao Estado Democrático de Direito que a Constituição seja instrumento da garantia dos direitos e da separação dos Poderes, impedindo que os Poderes de Estado se concentrem em uma só pessoa, como recomendou Montesquieu na formulação clássica da teoria.

Passaremos, pois, à análise da postura dos Poderes Legislativo e Judiciário frente ao uso de medidas provisórias pelo Poder Executivo.

2.2 O Supremo Tribunal Federal e as medidas provisórias

No ordenamento jurídico brasileiro, diante da inafastável imperatividade do princípio do monopólio da jurisdição, segundo o qual "a lei não excluirá da apreciação do Poder Judiciário lesão ou ameaça a direito" (art. 5º, inc. XXXV, CRFB/88), e também, do princípio da legalidade, pautado do artigo 37, *caput*, da Constituição, dispondo que "a administração pública direta e indireta de qualquer dos Poderes da União, dos Estados, do Distrito Federal e dos Municípios obedecerá aos princípios da legalidade (...)", é inconteste a possibilidade de controle jurisdicional das medidas provisórias a fim de que essas não se tornem um óbice à consolidação do Estado Democrático de Direito.

Nesse contexto, faz-se necessário situar o conceito de inconstitucionalidade. Para Oswaldo Luiz Palu inconstitucionalidade significa:

[...] A incorreção da norma com o parâmetro superior positivo, quer sob o aspecto da incorreção formal (ou seja, do processo legislativo, órgão emissor competente), quer sob o aspecto da incorreção material (conteúdo substancialmente incompatível com a Constituição).

[...]
A inconstitucionalidade é a mácula da norma, uma contradição intrínseca que a faz inválida; a inconstitucionalidade, contradição interna da norma como parâmetro, é a premissa da conseqüência da inconstitucionalidade (=sanção), que poderá ser a inexistência, a nulidade, a anulabilidade, a mera irregularidade etc. dependendo do sistema adotado em cada país. (PALU, 2001, p. 69)

Sendo assim, controlar a constitucionalidade significa impedir a eficácia de normas contrárias à Constituição que, para tanto, pressupõe a existência de garantias e institutos destinados a assegurar a observância, a aplicação, a estabilidade e a conservação das suas normas. Nas palavras de José Joaquim Gomes Canotilho:

O Estado Constitucional democrático ficaria incompleto e enfraquecido se não assegurasse um mínimo de garantias e de sanções: garantias de observância, estabilidade e preservação das normas constitucionais, sanções contra atos dos órgãos de soberania e de outros não conformes com a Constituição. A idéia de proteção, defesa, tutela ou garantia da ordem constitucional tem como antecedente a idéia de defesa do Estado, que, num sentido amplo e global, se pode definir como o complexo de institutos, garantias e medidas destinadas a defender e proteger, interna e externamente, a existência jurídica e fática do Estado. Desta forma, o objeto de defesa não é pura e simplesmente a defesa do Estado e sim da forma de Estado tal como ela é constitucionalmente formada. (CANOTILHO, 1991, p. 107)

Raul Machado Horta, dissertando acerca da importância do controle de constitucionalidade, ensina que:

O controle de constitucionalidade das leis é o corolário lógico da supremacia constitucional, seu instrumento necessário, o requisito para que a superioridade constitucional não se transforme em preceito moralmente platônico e a Constituição em simples programa político, moralmente obrigatório, um repositório de bons conselhos, para uso esporádico ou intermitente do legislador, que lhe pode vibrar, impunemente, golpes que a retalham e desfiguram. (HORTA, 2003, p. 132)

Dessa forma, o controle de constitucionalidade caracteriza-se como uma concretização e um desenvolvimento do direito constitucional, mediante a fiscalização da observância e cumprimento das normas e princípios constitucionais vigentes. Tal afirmativa propicia o entendimento de que os atos normativos devem estar subordinados, formal, procedimental e substancialmente, ao parâmetro constitucional.

No Brasil, sob a égide da Constituição da República de 1988, a jurisdição constitucional é praticada dos dois modos: o concentrado, por meio de ações próprias da competência do Supremo Tribunal Federal, e o difuso, executado nos autos de quaisquer ações da competência de qualquer órgão jurisdicional.

Assim, face à alínea "a" do inc. I do art. 102 da Constituição de 1988, o controle concentrado caberá ao Supremo Tribunal Federal, guardião da Constituição, *in verbis*:

> Art. 102 Compete ao Supremo Tribunal Federal, precipuamente, a guarda da Constituição, cabendo-lhe:
>
> I – processar e julgar, originariamente:
>
> a) a ação direta de inconstitucionalidade de lei ou ato normativo federal ou estadual e a ação declaratória de constitucionalidade de lei ou ato normativo federal; (Redação dada pela Emenda Constitucional nº 3, de 1993).
>
> [...]

Por via de uma Ação Direta de Inconstitucionalidade (ADI) ou Ação Declaratória de Constitucionalidade (ADC) se faz possível o ataque em abstrato de atos normativos primários excepcionais, como é o caso das medidas provisórias.

No que tange ao Supremo Tribunal Federal em relação às medidas provisórias, o órgão deverá zelar pelo cumprimento dos princípios constitucionais, consignado no uso indevido desse instituto, quando utilizado em excesso, e se pronunciar de forma a garantir a observância, no que diz respeito à flagrante inocorrência de relevância e urgência, resguardando a segurança jurídica à sociedade civil, assegurando o princípio da separação dos poderes e o "princípio dos freios e contrapesos", que são o alicerce da Constituição da República de 1988.

Considerando que os sucessivos Presidentes da República, desde 1988, editam medidas provisórias indiscriminadamente, traçou-se um estudo com o objetivo geral de compreender a evolução da jurisprudência sobre o controle exercido pelo Supremo Tribunal Federal.

2.2.1 Da Constituição da República de 1988 até a Emenda Constitucional nº 32/2001

Da análise da jurisprudência do Supremo Tribunal Federal, pode-se vislumbrar a existência de arestos que auxiliaram na criação de um cenário propício à edição de uma emenda à Constituição, limitadora do uso de medidas provisórias, ao passo que outros referendavam a promiscuidade legislativa a que o Brasil estava exposto.

Dessa forma, cabe aqui sistematizar os principais julgados do Supremo Tribunal Federal, anteriores à Emenda Constitucional nº 32/2001.

a) O problema das reedições sucessivas

A medida provisória é por natureza um instrumento precário cujo prazo de vigência, estabelecido no parágrafo único da redação original do art. 62, é de trinta dias. Findo esse prazo, caso não fossem convertidas em lei pelo Congresso, as medidas provisórias perderiam a eficácia, desde a sua edição. Entretanto, na prática, o que ocorria era que o Presidente da República as reeditava mensalmente, enquanto o Congresso não as votasse.

Casos há de medidas provisórias reeditadas mais de setenta vezes. Como exemplo pode-se citar a MP nº 2.096/89[4] que dispunha sobre os títulos da dívida pública de responsabilidade do tesouro nacional. Originalmente publicada em 11 de abril de 1994, sob o número 470, tramitou por 2.493 dias, quase 7 anos, até que fosse convertida nà Lei nº 10.179 em 06 de fevereiro de 2001.

A MP nº 1053/95,[5] que dispunha sobre medidas complementares ao Plano Real, depois de quase 6 anos, 73 reedições e 2 eleições presidenciais foi, enfim, convertida na Lei nº 10.192/2001.

Há, sem sombra de dúvida, um esvaziamento da real idealização do legislador constituinte de 1987/1988 para o instituto das medidas provisórias. Se assim não fosse, não teria erigido a condição de pressupostos a urgência e a relevância da matéria que autoriza a sua edição, nem tampouco fixado um prazo improrrogável de trinta dias para a conversão da medida em lei.

---

[4] Disponível em: <http://www.planalto.gov.br/ccivil_03/mpv/Antigas_2001/2096-89.htm>. Acesso em: 26 jun. 2011.

[5] Disponívelem:<http://www4.planalto.gov.br/legislacao/legislacao-1/medidas-provisorias/ 1995-anteriores-a-emenda-constitucional-no32#content>. Acesso em: 16 out. 2011.

Ocorre que o Supremo Tribunal Federal, em várias manifestações anteriores à Emenda Constitucional nº 32/2001, admitia a reedição de medidas provisórias, por indefinidas vezes e tantas quantas necessárias entendesse o Presidente da República.[6]

Há, entretanto, um julgado de 1º de setembro de 1999, ADI nº 1.849-0 DF,[7] em que o Ministro Relator, Marco Aurélio, discute as reedições sucessivas aludindo que o empréstimo de prazo indeterminado ao instrumento, à mercê de reedições sucessivas a cada período de vinte nove dias, não se harmoniza com a finalidade para a qual foi criado.

Nessa mesma ADI aventou-se pela primeira vez o problema que adivinha dos ajustes formais e acréscimos materiais feitos por ocasião de cada reedição.

b) O problema das reedições de medida provisória rejeitada pelo Congresso Nacional

A edição de uma medida provisória gera no ordenamento jurídico, no mínimo, dois efeitos imediatos. O primeiro, de ordem normativa, é a inovação no mundo jurídico, posto ser a medida provisória instrumento dotado de vigência e eficácia imediatas. O segundo, de natureza ritual, provoca o Congresso Nacional a instaurar procedimento de conversão em lei.

Nesse procedimento de conversão da medida provisória em lei, eventual rejeição por parte do Poder Legislativo — esse sim dotado de poder legiferante — deveria ter a capacidade de retirá-la do ordenamento jurídico. Entretanto, na prática, o que vinha ocorrendo é que o Presidente da República a reeditava sob outro número e com mínimas alterações textuais.

No julgamento da medida liminar em ADI nº 293-MC,[8] que ficou a cargo da relatoria do Ministro Celso de Mello, o STF, em 6 de junho de 1990, entendeu que não seria possível, na mesma sessão legislativa, a reedição de medida provisória rejeitada.

---

[6] Nesse sentido ADI nº 293-7/600-DF. Medida Liminar, ADI nº 295-3/DF. Medida Liminar, ADIn nº 1516-RO. Precedentes: ADI nº 1397 MC. *DJ*, 27 jun. 1997; RTJ 165/173; ADI nº 1617 MC. *DJ*, 15 ago. 1997; ADI nº 295 MC. *DJ*, 22 ago. 1997; ADI nº 1533 MC. *DJ*, 07 nov. 1997; ADI nº 1647. *DJ*, 26 março 1999; RTJ 168/774; ADI nº 1610. *DJ*, 28 maio 1999; ADI nº 612. *DJ*, 18 jun. 1999; RTJ 170/70; ADI nº 1614. *DJ*, 06 ago. 1999; RE 239287 AgR. *DJ*, 24 set. 1999.

[7] Disponível em: <http://www.stf.jus.br/portal/geral/verPdfPaginado.asp?id=266780&tipo=AC&descricao=Inteiro%20Teor%20ADI%20/%201849>. Acesso em: 26 jun. 2011.

[8] Disponível em: <http://www.stf.jus.br/portal/geral/verPdfPaginado.asp?id=346295&tipo=AC&descricao=Inteiro%20Teor%20ADI%20/%20293%20-%20MC>. Acesso em: 26 jun. 2011.

Nesse sentido asseverou o ministro relator que:

[...] a rejeição parlamentar de medida provisória — ou de seu projeto de conversão, além de desconstituir-lhe *ex tunc* a eficácia jurídica, opera uma outra relevante conseqüência de ordem político-institucional, que consiste na impossibilidade de o Presidente da República renovar esse ato quase-legislativo, de natureza cautelar.

Ainda em seu voto o ministro observa que:

A opinião doutrinária de eminentes juristas brasileiros a respeito desse tema, além de virtualmente consensual, é bastante expressiva ao assinalar, de modo enfático, a impossibilidade jurídico-constitucional de o Presidente da República editar nova medida provisória cujo texto reproduza, em suas linhas fundamentais, os aspectos conteudísticos essenciais de medida provisória que tenha sido objeto de expressa rejeição parlamentar.

Na mesma ação, o Ministro Moreira Alves se manifestou:

[...] em se tratando de medida provisória que é editada para substituir outra, expressamente rejeitada pelo Congresso Nacional, e medida provisória aquela que, parcial ou totalmente, tem conteúdo idêntico a esta (reedição formal e material) ou apresenta, em face desta, alterações meramente acidentais (reedição material), *é de indiscutível relevância jurídica a impugnação de sua constitucionalidade*, sob a fundamentação de que, a ser admitida essa prática, poderá o chefe do Poder Executivo impor, intermitentemente, a todos, pela força de lei de que provisoriamente dispõem essas medidas, normas que já foram expressamente rejeitadas pelo Congresso nacional, a cujo controle, quanto à urgência, à necessidade ou ao mérito, estão elas a cujo controle, quanto à urgência, à necessidade ou ao mérito, estão elas constitucionalmente submissas, e controle esse de que, se efetivamente exercido (o que sucede em casos de conversão ou de rejeição expressa), depende a permanência de tais normas ou a perda de sua eficácia normativa desde o momento de sua edição.[9] (grifos nossos)

Assim, o Supremo firmou a jurisprudência da inconstitucionalidade da reedição de medida provisória já rejeitada pelo Congresso Nacional.

---

[9] Disponível em: <http://www.stf.jus.br/portal/geral/verPdfPaginado.asp?id=346295&tipo=AC&descricao=Inteiro%20Teor%20ADI%20/%20293%20-%20MC>. Acesso em: 26 jun. 2011.

c) A retirada pelo Presidente da República da apreciação de medida provisória pelo Congresso Nacional por meio da edição de outra medida provisória

O Presidente da República não poderia retirar da apreciação do Congresso Nacional medida provisória já editada, tal como é comum em projetos de lei ordinária de sua iniciativa, pois a obrigação do Congresso apreciar a medida provisória decorre do texto constitucional.

No julgamento em sede de Medida Cautelar na ADI nº 221-0/DF,[10] em 16 de setembro de 1993, o relator, Ministro Moreira Alves, admitiu pela primeira vez a possibilidade de uma medida provisória revogar outra em curso.

Assim, o entendimento que se firmou no Pleno do Supremo Tribunal Federal foi no sentido de que, não sendo reconhecido o direito ao Presidente da República de retirar da apreciação do Congresso medida provisória que tiver editado,

> [...] é-lhe, no entanto, possível ab-rogá-la por meio de nova medida provisória, valendo tal ato pela simples suspensão dos efeitos da primeira, efeitos esses que, todavia, o Congresso poderá ver restabelecidos, mediante rejeição da medida provisória".[11] (ADI nº 1.315 – MC/DF, *DJ* de 25.08.1995, Pleno)

A revogação da medida provisória anterior estava, pois, condicionada à conversão em lei da medida revogadora, sob pena de recuperação da sua vigência pelo prazo remanescente.[12]

Assim, a estratégia que vinha sendo utilizada pelo Presidente da República era no sentido de não retirar a medida provisória, o que seria juridicamente inconcebível, mas de editar uma nova medida provisória revogando a primeira.

d) A necessidade de estabelecimento de limites materiais à edição de medidas provisórias

O texto original do art. 62 da Constituição não estabelecia qualquer limite material às edições de medidas provisórias. Assente

---

[10] Disponível em: <http://redir.stf.jus.br/paginadorpub/paginador.jsp?docTP=AC&docID=34 6262>. Acesso em: 26 jun. 2011.

[11] Disponível em: <http://redir.stf.jus.br/paginadorpub/paginador.jsp?docTP=AC&docID=34 6973>. Acesso em: 26 jun. 2011.

[12] Nesse sentido, veja-se: ADI nº 1.665-MC; ADI nº 1.204-MC; ADI nº 1370-MC; ADI nº 1.636-MC.

doutrina da época advogava a necessidade de criação desses limites por meio de uma emenda à Constituição. O Supremo, por seu turno, não foi chamado a enfrentar o tema. Entretanto, em alguns julgados, há argumentos nesse sentido ditos apenas de passagem, ou *obter dictum*, para embasar as teses principais, senão vejamos. O Ministro Relator, Sidney Sanches, em razões *obter dicta* utilizadas no julgamento de medida cautelar em ADI nº 1516-MC, reputa impossível o uso de medida provisória que verse sobre matéria afeta a Lei Complementar:

> Embora válido o argumento de que *medida provisória não pode tratar de matéria submetida pela Constituição Federal a Lei Complementar*, é de se considerar que, no caso, a Constituição Federal não exige Lei Complementar para alterações do Código Florestal, ao menos as concernentes à Floresta Amazônica (grifos nossos).[13]

Quanto à impossibilidade de medida provisória versar sobre matéria penal, o Ministro Sepúlveda Pertence asseverou no Recurso Extraordinário nº 254.818, julgado em 8 de novembro de 2000, que:

> [...] Medida provisória: sua inadmissibilidade em matéria penal, extraída pela doutrina consensual da interpretação sistemática da Constituição, não compreende a de normas penais benéficas, assim, as que abolem crimes ou lhes restringem o alcance, extingam ou abrangem penas ou ampliam os casos de isenção de pena ou de extinção de punibilidade. [...][14]

Especificamente em relação à matéria tributária divergiam as interpretações da doutrina e da jurisprudência. O STF, no julgamento da ADI nº 1417-0/DF,[15] relatado pelo Ministro Octavio Galoti, entendia que respeitado o princípio da anterioridade seria possível a edição de medida provisória em matéria tributária. Entendimento contrário ao da Suprema Corte possuía José Afonso da Silva sob o argumento de que o sistema tributário não permite legislação de urgência, já que a lei tributária material não é aplicável imediatamente, por regra, porquanto

---

[13] Disponível em: <http://redir.stf.jus.br/paginadorpub/paginador.jsp?docTP=AC&docID=347107>. Acesso em: 1º nov. 2011.

[14] Disponível em: <http://redir.stf.jus.br/paginadorpub/paginador.jsp?docTP=AC&docID=258412>. Acesso em: 1º nov. 2011.

[15] Disponível em: <http://redir.stf.jus.br/paginadorpub/paginador.jsp?docTP=AC&docID=385494>. Acesso em: 1º nov. 2011.

está sujeita ao princípio da anterioridade (art. 150, III, "b") (SILVA, 1998; 2009).

2.2.2 Decisões após a Emenda Constitucional nº 32/2001

a) A vigência das medidas provisórias editadas antes da Emenda Constitucional nº 32/2001

Antes do advento da EC nº 32/2001, como já se observou, o prazo de vigência das medidas provisórias era de trinta dias e, segundo a jurisprudência firmada pelo próprio STF, poderia ser reeditada indefinidamente, desde que dentro do prazo de trinta dias, não havendo limites para a sua reedição.

Inobstante a existência de jurisprudência consolidada em prol das reedições sucessivas, a doutrina não via com bons olhos tal prática. Nesse sentido, válida se faz a transcrição da lição de Hugo de Brito Machado, analisando o tema, segundo o qual

> [...] a enorme quantidade de medidas provisórias que têm sido editadas de matérias as mais diversas, a reedição dessas medidas e, o que é pior, a reedição com mudanças significativas na redação de alguns dispositivos está causando uma insegurança jurídica verdadeiramente insuportável [...] (MACHADO, 1998, p. 61).

A EC nº 32/2001 alterou o prazo de vigência da medida provisória, que passou a produzir efeitos desde a sua edição, por sessenta dias, prorrogável, automaticamente, se ela não for aprovada dentro desse período, por igual e sucessivo período, uma única vez (art. 62, §3º).

Com o fim das reedições sucessivas, a transição do antigo para o novo regime foi regulada pelo art. 2º da Emenda Constitucional nº 32/2001.[16] Pelo dispositivo, as medidas provisórias editadas até o dia antecedente à publicação da emenda permanecem em vigor até revogação explícita por nova medida provisória ou revogação pelo Congresso Nacional. Houve, portanto, a prorrogação da vigência, ou perenização, das medidas provisórias editadas no regime anterior.

Nesse contexto, o Supremo Tribunal Federal, em 24 de setembro de 2003, editou o Enunciado de Súmula nº 651, *in verbis*:

---

[16] Emenda Constitucional nº 32/2001 – Art. 2º: As medidas provisórias editadas em data anterior à da publicação desta emenda continuam em vigor até que medida provisória ulterior as revogue explicitamente ou até deliberação definitiva do Congresso Nacional.

A medida provisória não apreciada pelo Congresso Nacional podia, até a Emenda Constitucional nº 32/2001, ser reeditada dentro do seu prazo de eficácia de trinta dias, mantidos os efeitos de lei desde a primeira edição.[17]

O Enunciado teve como precedentes decisões proferidas pelo STF em ações que questionavam a eficácia de medidas provisórias sucessivamente reeditadas.[18] O Supremo visava com isso remediar a insegurança jurídica advinda de outros possíveis questionamentos às medidas provisórias anteriores à EC nº 32/02.

b) Reedição de medida provisória

No julgamento em sede de cautelar em Ação Direta de Inconstitucionalidade nº 3.964-4 ocorrido em 12 de dezembro de 2007, o Supremo Tribunal Federal deu um passo adiante para exercer efetivamente o controle de constitucionalidade e suspender a eficácia da Medida Provisória nº 394/2007.

A decisão, cuja relatoria ficou a cargo do Ministro Carlos Brito, encontra-se assim ementada:

AÇÃO DIRETA DE INCONSTITUCIONALIDADE. MEDIDA LIMINAR. MEDIDA PROVISÓRIA Nº 394/07, QUE "DÁ NOVA REDAÇÃO AO §3º DO ART. 5º DA LEI Nº 10.826, DE 22 DE DEZEMBRO DE 2003". LEI QUE "DISPÕE SOBRE REGISTRO, POSSE E COMERCIALIZAÇÃO DE ARMAS DE FOGO E MUNIÇÃO, SOBRE O SISTEMA NACIONAL DE ARMAS – SINARM".
1. Num exame prefacial, tem consistência a alegação de que a MP nº 394/07 é mera reedição de parte da MP nº 379/07. Isto porque a mais recente incorpora temas da mais antiga, sem o aporte de modificações substanciais. São os temas: a) da prorrogação do prazo para renovação de registros de propriedade de armas de fogo, expedidos pelos órgãos estaduais; b) da fixação dos valores das taxas a recolher em caso de registro de armas, renovação do certificado de registro, expedição de porte da arma, etc.
2. Impossibilidade de reedição, na mesma sessão legislativa, de medida provisória revogada. Tese contrária importaria violação do princípio da Separação de Poderes, na medida em que o Presidente da República passaria, com tais expedientes revocatório-reedicionais de medidas

---

[17] Disponível em: <http://www.stf.jus.br/portal/jurisprudencia/listarJurisprudencia.asp?s1=651.NUME.%20NAO%20S.FLSV.&base=baseSumulas>. Acesso em: 24 set. 2011.

[18] ADI nº 1397-MC, ADI nº 1617-MC, ADI nº 295-MC, ADI nº 1533-MC, ADI nº 1647, ADI nº 1610, ADI nº 1612, ADI nº 1614, RE nº 239287 AgR.

provisórias, a organizar e operacionalizar a pauta dos trabalhos legislativos. Pauta que se inscreve no âmbito do funcionamento da Câmara dos Deputados e do Senado Federal e, por isso mesmo, matéria de competência privativa dessas duas Casas Legislativas (inciso IV do art. 51 e inciso XIII do art. 52, ambos da CF/88).

3. De outra parte, o ato de revogação pura e simples de uma medida provisória outra coisa não é senão uma auto-rejeição; ou seja, o autor da medida a se antecipar a qualquer deliberação legislativa para proclamar, ele mesmo (Poder Executivo), que sua obra normativa já não tem serventia. Logo, reeditá-la significaria artificializar os requisitos constitucionais de urgência e relevância, já categoricamente desmentidos pela revogação em si.

4. Medida liminar deferida para suspender a eficácia da MP nº 397/07 até o julgamento de mérito desta ação direta de inconstitucionalidade.[19]

Trata-se decisão importante em que o Supremo reconheceu a violação do art. 62, §10, da Constituição, posto que a Medida Provisória nº 394/07 referia-se à mera reedição da Medida Provisória nº 379/07, em mesma sessão legislativa.

c) Reedição de medida provisória rejeitada

A Constituição da República de 1988, com a redação dada pela Emenda Constitucional nº 32/2001, em seu artigo 62, §10, prevê que é vedada a reedição, na mesma sessão legislativa, de medida provisória que tenha sido rejeitada ou que tenha perdido sua eficácia por decurso de prazo.

A rigor, o texto constitucional ao vedar a reedição, na mesma sessão legislativa, de medida provisória rejeitada ou que perdeu a eficácia, por decurso de prazo, está autorizando o presidente da república a reeditá-la na sessão legislativa ulterior.

O Supremo Tribunal Federal, quando chamado a se manifestar sobre o tema, repetiu entendimento adotado em precedentes anteriores à EC nº 32/01 quanto à impossibilidade de reedição de medida provisória rejeitada pelo Congresso Nacional.

A esse propósito veja-se o julgamento da ADI-MC nº 2.984/DF, tendo como relatora a Ministra Ellen Gracie.

MEDIDA PROVISÓRIA. REVOGAÇÃO. POSSIBILIDADE. EFEITOS. SUSPENSÃO DA TRAMITAÇÃO PERANTE A CASA LEGISLATIVA.

---

[19] Disponível em: <http://redir.stf.jus.br/paginadorpub/paginador.jsp?docTP=AC&docID=52 0041>. Acesso em: 1º nov. 2011.

IMPOSSIBILIDADE DE RETIRADA DE MP DA APRECIAÇÃO DO CONGRESSO NACIONAL. EMENDA CONSTITUCIONAL Nº 32. IMPOSSIBILIDADE DE REEDIÇÃO DE MP REVOGADA.

1. Porque possui força de lei e eficácia imediata a partir de sua publicação, a medida provisória não pode ser "retirada" pelo presidente da república à apreciação do congresso nacional. Precedentes.

2. Como qualquer outro ato legislativo, a medida provisória é passível de ab-rogação mediante diploma de igual ou superior hierarquia. Precedentes.

3. A revogação da MP por outra MP apenas suspende a eficácia da norma ab-rogada, que voltará a vigorar pelo tempo que lhe reste para apreciação, caso caduque ou seja rejeitada a MP ab-rogante.

4. Conseqüentemente, o ato revocatório não subtrai ao Congresso Nacional o exame da matéria contida na MP revogada.

5. O sistema instituído pela EC nº 32 leva à impossibilidade — sob pena de fraude à constituição — de reedição da MP revogada, cuja matéria somente poderá voltar a ser tratada por meio de projeto de lei.

6. Medida cautelar indeferida.[20]

Assim firmou-se, também após o advento da EC nº 32/2001, inobstante a redação do §10, artigo 62 da Constituição, a impossibilidade jurídico-constitucional do Presidente da República editar nova medida provisória cujo texto reproduza, em suas linhas fundamentais, os aspectos conteudísticos essenciais de medida provisória que tenha sido objeto de expressa rejeição parlamentar.

d) Cabimento de Ação Direta de Inconstitucionalidade contra medida provisória que veicula abertura de créditos orçamentários

Outro passo importante foi dado pelo STF no controle constitucional de medida provisória que trata da abertura de crédito extraordinário como foi no caso da ADI-MC nº 4048-1/DF, tendo como relator o Ministro Gilmar Mendes. A decisão encontra-se assim ementada:

EMENTA: Medida Cautelar em Ação Direta de Inconstitucionalidade. Medida Provisória nº 405, de 18.12.2007. Abertura de crédito extraordinário. Limites constitucionais à atividade legislativa excepcional do Poder Executivo na edição de medidas provisórias.

---

[20] Disponível em: <http://redir.stf.jus.br/paginadorpub/paginador.jsp?docTP=AC&docID=38 7218>. Acesso em: 1º nov. 2011.

I. MEDIDA PROVISÓRIA E SUA CONVERSÃO EM LEI. Conversão da medida provisória na Lei nº 11.658/2008, sem alteração substancial. Aditamento ao pedido inicial. Inexistência de obstáculo processual ao prosseguimento do julgamento. A lei de conversão não convalida os vícios existentes na medida provisória. Precedentes. II. Controle abstrato de constitucionalidade de normas orçamentárias. Revisão de jurisprudência. O Supremo Tribunal Federal deve exercer sua função precípua de fiscalização da constitucionalidade das leis e dos atos normativos quando houver um tema ou uma controvérsia constitucional suscitada em abstrato, independente do caráter geral ou específico, concreto ou abstrato de seu objeto. Possibilidade de submissão das normas orçamentárias ao controle abstrato de constitucionalidade. III. Limites constitucionais à atividade legislativa excepcional do Poder Executivo na edição de medidas provisórias para abertura de crédito extraordinário. Interpretação do art. 167, §3º c/c o art. 62, §1º, inciso I, alínea "d", da Constituição. Além dos requisitos de relevância e urgência (art. 62), a Constituição exige que a abertura do crédito extraordinário seja feita apenas para atender a despesas imprevisíveis e urgentes. Ao contrário do que ocorre em relação aos requisitos de relevância e urgência (art. 62), que se submetem a uma ampla margem de discricionariedade por parte do Presidente da República, os requisitos de imprevisibilidade e urgência (art. 167, §3º) recebem densificação normativa da Constituição. Os conteúdos semânticos das expressões "guerra", "comoção interna" e "calamidade pública" constituem vetores para a interpretação/aplicação do art. 167, §3º c/c o art. 62, §1º, inciso I, alínea "d", da Constituição. "Guerra", "comoção interna" e "calamidade pública" são conceitos que representam realidades ou situações fáticas de extrema gravidade e de conseqüências imprevisíveis para a ordem pública e a paz social, e que dessa forma requerem, com a devida urgência, a adoção de medidas singulares e extraordinárias. A leitura atenta e a análise interpretativa do texto e da exposição de motivos da MP nº 405/2007 demonstram que os créditos abertos são destinados a prover despesas correntes, que não estão qualificadas pela imprevisibilidade ou pela urgência. A edição da MP nº 405/2007 configurou um patente desvirtuamento dos parâmetros constitucionais que permitem a edição de medidas provisórias para a abertura de créditos extraordinários.

IV. Medida cautelar deferida. Suspensão da vigência da Lei nº 11.658/2008, desde a sua publicação, ocorrida em 22 de abril de 2008.[21][22]

---

[21] Disponível em: <http://redir.stf.jus.br/paginadorpub/paginador.jsp?docTP=AC&docID=542881>. Acesso em: 1º nov. 2011.

[22] Nesse mesmo sentido, pode-se destacar a decisão do STF quando do julgamento da ADI-MC nº 4049-9/DF, tendo como relator Ministro Carlos Brito. *DJ*, 05 nov. 2008.

e) Convalidação de vícios por meio da lei de conversão de medida provisória

É importante, também, ressaltar a decisão do STF quanto à convalidação de vícios formais eventualmente existentes na medida provisória por meio da lei de conversão que poderiam ser objeto de análise no âmbito do controle de constitucionalidade. Isso se deu quando da apreciação da ADI-MC nº 3090-6-9/DF, tendo como relator o Ministro Gilmar Mendes. Assim foi ementada a decisão:

EMENTA: Medida cautelar em ação direta de inconstitucionalidade. Medida Provisória nº 144, de 10 de dezembro de 2003, que dispõe sobre a comercialização de energia elétrica, altera as Leis nºs 5.655, de 1971, 8.631, de 1993, 9.074, de 1995, 9.427, de 1996, 9.478, de 1997, 9.648, de 1998, 9.991, de 2000, 10.438, de 2002, e dá outras providências. 2. Medida Provisória convertida na Lei nº 10.848, de 2004. Questão de ordem quanto à possibilidade de se analisar o alegado vício formal da medida provisória após a sua conversão em lei. A lei de conversão não convalida os vícios formais porventura existentes na medida provisória, que poderão ser objeto de análise do Tribunal, no âmbito do controle de constitucionalidade. Questão de ordem rejeitada, por maioria de votos. Vencida a tese de que a promulgação da lei de conversão prejudica a análise dos eventuais vícios formais da medida provisória. Prosseguimento do julgamento quanto à análise das alegações de vícios formais presentes na Medida Provisória nº 144/2003, por violação ao art. 246 da Constituição: "É vedada a adoção de medida provisória na regulamentação de artigo da Constituição cuja redação tenha sido alterada por meio de emenda promulgada entre 1º de janeiro de 1995 até a promulgação desta emenda, inclusive". Em princípio, a medida provisória impugnada não viola o art. 246 da Constituição, tendo em vista que a Emenda Constitucional nº 6/95 não promoveu alteração substancial na disciplina constitucional do setor elétrico, mas restringiu-se, em razão da revogação do art. 171 da Constituição, a substituir a expressão "empresa brasileira de capital nacional" pela expressão "empresa constituída sob as leis brasileiras e que tenha sua sede e administração no país", incluída no §1º do art. 176 da Constituição. Em verdade, a Medida Provisória nº 144/2003 não está destinada a dar eficácia às modificações introduzidas pela EC nº 6/95, eis que versa sobre a matéria tratada no art. 175 da Constituição, ou seja, sobre o regime de prestação de serviços públicos no setor elétrico. Vencida a tese que vislumbrava a afronta ao art. 246 da Constituição, propugnando pela interpretação conforme a Constituição para afastar a aplicação da medida provisória, assim como da lei de conversão, a qualquer atividade relacionada à exploração do potencial hidráulico para fins de produção de energia. 4. Medida cautelar indeferida, por maioria de votos.[23]

Sendo certo que a promulgação da lei de conversão prejudica a análise dos eventuais vícios formais da medida provisória, clara é a autonomia da medida provisória em relação à lei de conversão, que possui efeitos jurídicos autônomos e próprios.

2.3 Controle dos pressupostos constitucionais de relevância e urgência pelo STF

O cerne dos problemas atinentes aos pressupostos constitucionais para edição de medidas provisórias cinge-se na enorme fluidez semântica dos vocábulos relevância e urgência, que, como já visto, constituem-se conceitos abertos.

Em um primeiro momento, a avaliação da existência ou não de relevância e urgência para efeito de editar medida provisória é do chefe do Poder Executivo, porém, isso de forma alguma afasta o dever do Poder Judiciário de averiguar em cada caso, quando instado, se houve ou não a caracterização de tais requisitos, levando a crer que seria uma antítese ao princípio "dos freios e contrapesos" afirmar o contrário.

Assim, o Poder Executivo, no exercício de sua função atípica e excepcional, é detentor de um juízo discricionário, em relação à análise dos pressupostos de relevância e urgência das medidas provisórias, desde que decline os motivos que ensejaram a prática do ato, visando sempre o interesse público em um determinado momento.

Ressalte-se que após a edição da medida provisória pelo Presidente da República e, ainda que submetida ao controle predominantemente político do Congresso Nacional, tal fato não obsta a apreciação do controle jurisdicional. Dessa forma, caberá ao Supremo Tribunal Federal, órgão de cúpula do Poder Judiciário, como guardião da Constituição, defender as instituições do Estado Democrático de Direito, pois é a própria Constituição que, em seu art. 102, lhe confere essa competência.

Quando do advento do instituto da medida provisória com a Constituição da República de 1988, o temor da comunidade jurídica era o de que o Supremo repetisse o entendimento firmado na Corte

---

[23] Disponível em: <http://redir.stf.jus.br/paginadorpub/paginador.jsp?docTP=AC&docID=49 1802>. Acesso em: 08 jun. 2011.

em relação aos antigos decretos-leis. O Supremo Tribunal Federal, na vigência da Constituição de 1967, firmou jurisprudência no sentido de que, na edição dos decretos-leis, "os pressupostos de urgência e relevante interesse público escapam ao controle do Poder Judiciário" por referirem-se à questão política (RE nº 71.039).[24]

Do voto proferido em 1967, em sede do Recurso Extraordinário nº 62.739, pelo Ministro Relator, Aliomar Baleeiro, extrai-se que:

> [...] é urgente ou relevante o que o Presidente da República entender como tal, ressalvado que o Congresso pode chegar a julgamento de valor contrário, para rejeitar o decreto-lei. Destarte, não pode haver revisão judicial desses dois aspectos entregues ao discricionarismo do Executivo, que sofrerá apenas correção pelo discricionarismo do Congresso.[25]

Entretanto, o Supremo Tribunal Federal deu, ainda sob a égide da Constituição de 1967, um pequeno passo adiante e, em pronunciamento feito em 1974, também em recurso extraordinário, RE nº 75.935,[26] relatado pelo mesmo ministro, passou a admitir, ainda que de forma excepcional, o controle do Poder Judiciário sobre aqueles atos normativos, nos casos em que "[...] o discricionarismo, praticado já no campo do absurdo, tocar ao arbítrio".

Ocorre que, no Supremo Tribunal Federal, sob a vigência das Constituições anteriores, a jurisprudência sobremaneira consolidada era no sentido de que, a apreciação dos pressupostos de edição dos decretos-lei (urgência e interesse público relevante), envolveria uma "questão meramente política", não podendo ser objeto de controle pelo Poder Judiciário.

A doutrina das "questões políticas", insuscetíveis de serem analisadas pelo Poder Judiciário, acompanha de longa data o Supremo Tribunal Federal. A Corte empregava recorrentemente a referida doutrina para não se posicionar e evitar a apreciação de inconstitucionalidade em decretos-leis.

Nesse contexto, José Alfredo Baracho Júnior aponta que:

---

[24] Disponível em: <http://redir.stf.jus.br/paginadorpub/paginador.jsp?docTP=AC&docID=16689>. Acesso em: 08 jun. 2011.

[25] Disponível em: <http://redir.stf.jus.br/paginadorpub/paginador.jsp?docTP=AC&docID=159953>. Acesso em: 08 jun. 2011.

[26] Disponível em: <http://redir.stf.jus.br/paginadorpub/paginador.jsp?docTP=AC&docID=171536>. Acesso em: 08 jun. 2011.

A tensão entre a defesa dos direitos fundamentais e as chamadas "questões políticas" vai marcar a atuação do Supremo Tribunal Federal em momentos importantes, seja na República Velha ou no Estado Novo, bem como durante os governos militares.

> Nos momentos de crise institucional, a atuação do Supremo Tribunal Federal no sentido de proteger os direitos fundamentais será, em diversas oportunidades, tolhida pelas "questões políticas", algumas vezes por iniciativa do Presidente ou do Congresso, outras vezes por iniciativa do próprio Supremo Tribunal Federal. (BARACHO JÚNIOR, 2003, p. 315-345)

Com o advento, na Constituição de 1988, das medidas provisórias, considerado por muitos como o sucedâneo dos decretos-leis, como já se apontou, questionou-se então a competência do Supremo Tribunal Federal em declarar inconstitucionalidade de medidas provisórias que não atendam aos pressupostos de relevância e urgência, consagrados no texto constitucional.

Tão logo surgiu essa problemática referente às medidas provisórias, o Consultor-Geral da República, Saulo Ramos, em consulta feita pelo então Presidente da República José Sarney, emitiu parecer em que sustentou a tese de serem insuscetíveis de apreciação pelo Poder Judiciário.

Dessa forma, em 21 de junho de 1989, o parecer SR-92 dispunha:

> Os pressupostos constitucionais legitimadores dessa verdadeira ação cautelar legislativa, relevância da matéria e urgência de sua positivação — *submetem-se ao juízo político e à avaliação discricionária do Presidente da República, sendo, por isso mesmo, completamente infensos à apreciação judicial.*
> [...]
> *O chefe do Poder Executivo da União concretiza, na emanação das medidas provisórias, um direito potestativo, cujo exercício — presentes razões de relevância e urgência — só ele compete avaliar.* Sem prejuízo; obviamente, de igual competência *a posteriori* do Poder Legislativo, vedada interferência valorativa dos Tribunais.
> [...]
> Esse poder cautelar geral — constitucionalmente deferido ao Presidente da República — reveste-se de natureza política e de caráter discricionário. É ele o chefe do Estado, o arbítrio inicial da conveniência, necessidade, utilidade e oportunidade de seu exercício. (ANEXO A, p. 147, Parecer Saulo Ramos, SR 92-1, grifos nossos)[27]

---

[27] O Parecer Saulo Ramos, SR 92-1, encontra-se reproduzido no ANEXO A deste livro.

Corroborando o parecer do então Consultor-Geral da República, o Supremo Tribunal Federal, quando provocado acerca relevância da matéria e urgência na sua positivação, voltou a adotar a doutrina restritiva das "questões políticas".

Todavia, no julgamento da Medida Cautelar em Ação Direta de Inconstitucionalidade nº 162-1, que tratou sobre prisão temporária, julgada em 14 de dezembro de 1989, o Supremo — inspirado no cenário político democrático instaurado pela Constituição de 1988 e pela primeira eleição direta para Presidente da República desde 1964, que se encerrou em 17 de dezembro de 1989 com a eleição de Fernando Collor de Mello — reconheceu pela primeira vez a necessidade de limitar a atuação legiferante do chefe do Poder Executivo. Apesar dos votos exarados em prol da possibilidade de controle jurisdicional dos pressupostos constitucionais para edição de medidas provisórias, o Tribunal decidiu por não enfrentar a questão em sede de liminar.

A decisão encontra-se assim ementada:

EMENTA: – Ação Direta de Inconstitucionalidade. Medida Provisória nº 111/89. Prisão Temporária. Pedido de liminar. – *Os conceitos de relevância e de urgência a que se refere o artigo 62 da Constituição, como pressupostos para a edição de medidas provisórias, decorrem, em princípio, do Juízo discricionário de oportunidade e de valor do Presidente da República, mas admitem o controle judiciário quando ao excesso do poder de legislar, o que, no caso, não se evidencia de pronto.* – A prisão temporária prevista no artigo 2º da referida medida provisória não é medida compulsória a ser obrigatoriamente decretada pelo juiz, já que o despacho que a deferir deve ser devidamente fundamentado, conforme o exige o parágrafo 2º do mesmo dispositivo. – Nessa oportunidade processual, não se evidencia manifesta incompatibilidade entre o parágrafo 1º do artigo 3º da medida provisória nº 111 e o disposto no inciso LXIII do artigo 5º da Constituição, em face do que se contém no parágrafo 2º do artigo 3º daquela, quanto à comunicação do preso com o seu advogado. – Embora seja relevante juridicamente a argüição de inconstitucionalidade da criação de delito por medida provisória, não está presente o requisito da conveniência, pois o artigo 4º da citada medida provisória, impugnado sob esse fundamento, apenas se destina a coibir abuso de autoridades contra a liberdade individual. – *A disposição de natureza processual, constante do artigo 5º da medida provisória nº 111, que estabelece plantão de 24 horas em todas as Comarcas e Sessões Judiciais do País, não tem o relevo jurídico necessário para a concessão de providência excepcional como é concessão de liminar, em Ação Direta de Inconstitucionalidade.* – Pedido de liminar indeferido. (grifos nossos)[28]

---

[28] Disponível em: <http://redir.stf.jus.br/paginadorpub/paginador.jsp?docTP=AC&docID=34 6219>. Acesso em: 02 nov. 2011.

Interessante ressaltar que o Ministro Moreira Alves, em seu voto na ADI nº 162-1, faz referência ao recurso extraordinário relatado pelo Ministro Aliomar Baleeiro em 1967, com as seguintes ressalvas:

> [...] esta Corte, por seu Plenário, ao julgar o Recurso Extraordinário nº 62.739, em que declarou inconstitucional em face da Constituição de 1967, o decreto-lei 322, de 7.4.67, por entender que ele regulava matéria estranha ao conceito de segurança nacional, se manifestou no sentido de que a apreciação nos casos de "urgência" ou de "interesse público relevante", a que se refere o artigo 58 da Constituição de 1967, assume caráter político, e está entregue ao discricionarismo dos juízos de oportunidade ou de valor do Presidente da República, ressalvada apreciação contrária e também discricionária do Congresso [...].
>
> Essa orientação, no entanto, tem que ser adotada em termos, pois, levada às últimas conseqüências, admitiria o excesso ou abuso do poder de legislar mediante medidas provisórias, que a Constituição expressamente só admite em caso de relevância ou urgência.[29]

Foi a primeira vez em que o Supremo Tribunal Federal admitiu a hipótese do controle dos pressupostos constitucionais, mas somente nas hipóteses de excesso de poder de legislar, frente ao abuso do juízo discricionário de valor e oportunidade do Presidente da República.

Note-se, entretanto, que na decisão, muito embora o Supremo reconheça a doutrina do abuso de poder, na prática não a utilizou por considerar que, no caso concreto, em sede de liminar, não seria o momento adequado.

Esse pronunciamento se tornou recorrente e desaguou em outro problema: no momento em que o Tribunal Pleno julgaria o mérito da Ação Direta de Inconstitucionalidade, o julgamento encontrava-se prejudicado pela perda do objeto. Em diversos julgados,[30] ministros

---

[29] Disponível em: <http://redir.stf.jus.br/paginadorpub/paginador.jsp?docTP=AC&docID=34 6219>. Acesso em: 02 nov. 2011.

[30] O Ministro Maurício Correa, em decisão liminar da Ação Direta de Inconstitucionalidade nº 1.687-0, em 26 de novembro de 1997, dizia ser "lamentável" o uso indiscriminado de medidas provisórias pelo Presidente da República que não atendem os requisitos constitucionais. Contudo, o ministro deixa de declarar a inconstitucionalidade da medida provisória. No caso, o Ministro Mauricio Correia conheceu da ação e indeferiu o pedido da medida liminar:
"Lamento realmente que se tenha de utilizar medidas provisórias para regulamentar tema como esse da abertura ou não do comércio aos domingos, não o deixando para ser disciplinado pela lei ordinária da competência do Congresso Nacional. ... Mesmo que se entenda tratar de assunto que envolva interesse econômico imediato, tenho que não exigiria a expedição de medida provisória. [...]
O governo tem baixado medidas provisórias a torto e a direito, e por meio delas vem regulamentando temas que refogem à sua estrita competência. Está já se constituindo em

esboçavam em votos esparsos a insatisfação com o abuso no uso do instrumento por parte do Presidente da Republica e aventavam a sindicabilidade jurisdicional da concorrência dos pressupostos de relevância e urgência para edição de medida provisória. Entretanto, furtavam-se a encarar a questão em sede de liminar, postergando o enfrentamento por ocasião do julgamento final, que reiteradamente deixava de ocorrer por perda do objeto, posto que a medida provisória já havia sido convertida em lei ou, até mesmo, retirada do ordenamento jurídico. Em 7 de dezembro de 2000, em julgamento liminar da ADI nº 2.348-9/DF, o Supremo pela primeira vez fulminou medida provisória que não cumpria o requisito constitucional de urgência.

> [...] Em síntese, neste primeiro passo, conclui-se, diante da circunstância de não haver sido solicitado o regime de urgência pelo Chefe do Poder Executivo Federal, que a matéria poderia vir a ser disciplinada na vala comum, sendo de pressupor-se que não foi tida como indispensável a imediata disciplina [...]. O tabu, o dogma sacrossanto de que foi revestido o exame dos predicados de relevância e urgência, previstos no art. 62, não mais existe [...].[31]

---

abuso a prática dessas emissões. Edita-se uma hoje, em seguida dá-se conta que poderá ser suscetível de argüição de inconstitucionalidade, baixa-se outra expurgando o que lhe pareceu inconstitucional, e assim por diante. [...]
Reservar-me-ei para em outra oportunidade rever minha posição quanto ao tema. Por ora ainda admitirei tal excepcionalidade".
No julgamento dessa Ação Direta de Inconstitucionalidade, o Tribunal, por maioria, indeferiu o pedido de medida cautelar. Ocorre que a decisão definitiva de mérito não chegou a ocorrer, já que a medida provisória foi convertida em lei. Em voto bem fundamentado do Ministro Carlos Velloso, (ADI nº 1753, que dispõe sobre ação rescisória, julgado em abril de 1998, Relator o Ministro Sepúlveda Pertence), o Tribunal tornou a invocar a doutrina do abuso do poder:
"O que precisa ficar acertado é que, porque esses requisitos-urgência e relevância constituem questões políticas, o seu exame corre por conta dos Poderes Executivo e Legislativo, em princípio. Todavia, se a urgência ou a relevância evidenciar-se improcedente, o Tribunal deve dar pela ilegitimidade constitucional da medida provisória" (ADI nº 1753, julg. 1998).
Na mesma ADI, o Ministro Maurício Corrêa manifestou, sua adesão à tese enfatizando, inclusive, a necessidade de serem apreciados os pressupostos da relevância e da urgência, aprioristicamente ao exame do mérito da ação direta de inconstitucionalidade de medida provisória:
"[...] quero anunciar a minha decisão, hoje, à tese que tenha como pressuposto o exame de relevância e urgência quando se tratar de ação direta de inconstitucionalidade versando sobre medida provisória, em casos como o presente" (ADI nº 1753, julg. 1998).
Constata-se, assim, mesmo que de forma fragmentada, por meio de alguns ministros da Suprema Corte, o Órgão de cúpula do Poder Judiciário dava sinais de mudança da sua concepção acerca do controle judicial dos pressupostos de relevância e urgência na edição de medidas provisórias. Entretanto a postura do Supremo ainda era lamentavelmente tímida.

[31] Disponível em: <http://redir.stf.jus.br/paginadorpub/paginador.jsp?docTP=AC&docID=34 7557>. Acesso em: 10 jun. 2011.

Pode-se dizer que existiam duas correntes de pensamento no STF. A primeira, e mais antiga, no sentido de que a avaliação da ocorrência dos pressupostos de relevância e urgência para edições de medidas provisórias, na realidade fática, compete discricionariamente ao Presidente da República, e que não é dado ao poder Judiciário intervir (doutrina da questão política). Entretanto, em decisões esparsas e mais recentes discutia-se que a questão é passível de controle jurisdicional naquelas situações em que houver elementos objetivos inequívocos a evidenciar a ausência de relevância ou de urgência no caso concreto, configurando excesso ou abuso do poder de legislar (doutrina do abuso de poder).

Temos, assim, que o Supremo vem admitindo o controle jurisdicional, mas apenas a título de exceção. E, o que é pior, ao final acaba por não enfrentar a questão. Os julgadores embora admitam a existência de abuso por parte do Presidente da República, preferem a segurança da interpretação literal.

A grande preocupação é que Supremo Tribunal Federal não poderia mais ignorar a crescente apropriação institucional do poder de legislar por parte dos sucessivos Presidentes da República, na medida em que desperta preocupações de ordem jurídica, pois a utilização em excesso do instituto das medidas provisórias ameaça o cumprimento do que está estabelecido na Constituição da República, porquanto a harmonização entre os poderes é efetivada quando um poder freia o abuso de outro poder.

Esvazia-se a função político-institucional do Poder Legislativo, pois impede a discussão parlamentar de matérias que, ordinariamente, são afetas ao Congresso Nacional. Lembrando que é o Parlamento, no regime de separação de poderes, o único órgão estatal legitimado constitucionalmente para elaborar as leis do Estado.

Nesse contexto, fazia-se necessário que o STF abandonasse de vez a tradicional doutrina das questões políticas e exercesse um controle eficaz do Executivo, quanto ao tema dos pressupostos das medidas provisórias.

Contudo, respeitadas vozes na doutrina repudiam o exercício desse controle pelo Judiciário. Nesse sentido, quanto à missão do STF, Oscar Dias Corrêa aponta que:

> Será heresia supor que a função política da Alta Corte significa permitir-lhe a acomodação dos julgados a conveniências conjunturais. Seja em nome da harmonia dos poderes, seja no de razões do Estado. Essa e estas não podem pesar para levá-lo a julgar, pois o seu papel, em um

sistema de direito escrito e de divisão de poderes, é o de aplicar os textos sem outras considerações que as de ordem jurídica, ou seja, de ordem constitucional e legal. Inclusive, enfrentando oposição dos outros órgãos do Estado, que se terão, por fim, de submeter a exegese que ele, pela natureza mesma da sua função peculiar — a jurisdicional —, fixa por certa e definitiva. As razões de Estado não podem conviver com o texto da Constituição para explicar atos contrários a ele. Rendendo-se a elas o Tribunal negaria a sua própria razão de ser. Sim, porque, se ele existe, como instância máxima de guarda da Constituição Federal contra violações de qualquer origem, o ceder a estas por motivos políticos, equivaleria a demitir-se do papel que foi criado. O juízo constitucional, como diz Gerhard Leibholz, no seu *Problemas Fundamentais da Democracia* (edição do Instituto de Estudos Políticos de Madrid, 1930), opera com normas que submetem o político ao direito. (CORRÊA, 1987, p. 58)

Filiamo-nos, entretanto, à corrente que entende ser esse controle não só possível, mas necessário, e, como nos ensina Clèmerson Merlin Clève, poderá se dar em três dimensões:

A fiscalização jurisdicional das providências normativas emergenciais entre nós, pode ocorrer em três níveis. Está-se a se referir (i) primeiro, ao controle dos pressupostos de habilitação (se afinal, estão ou não presentes); (ii) depois, ao controle da matéria objeto da medida provisória (se suporta regramento legislativo provisório, ou não); e (iii) finalmente, ao controle de constitucionalidade da matéria propriamente dita (se é compatível, desde o ponto de vista substantivo, com as normas e princípios plasmados no Estatuto Fundamental). (CLÈVE, 1999, p. 135)

O Supremo, entretanto, vem exercendo apenas o terceiro nível de controle de forma plena. Quanto aos dois primeiros, vê-se o esboço da teoria de abuso de poder tomar corpo e se desenvolver embrionariamente.

Contudo, importante decisão em prol da teoria do abuso de poder foi proferida em 28 de março de 2007, em Ação Declaratória de Constitucionalidade nº 11-8 DF, que deferiu, por unanimidade, a suspensão de todos os processos em que se discuta a constitucionalidade do art. 1º-B da medida provisória nº 2180-35 e encontra-se assim ementada:

FAZENDA PÚBLICA. Prazo processual. Embargos à execução. Prazos previstos no art. 730 do CPC e no art. 884 CLT. Ampliação pela medida provisória nº 2180-35/2001, que acrescentou o art. 1º-B à lei federal nº 9494/97. Limites constitucionais de urgência e relevância não ultrapassados. Dissídio jurisprudencial sobre a norma. Ação Direta de

Constitucionalidade. Liminar deferida. Aplicação do art. 21, *caput*, da lei 9868/99. Ficam suspensos todos os processos em que se discuta a constitucionalidade do art. 1º B da medida provisória nº 2180-35.[32]

O art. 1º-B da Lei nº 9.494/97, acrescentado pela Medida Provisória nº 2180-35 de 28 de abril de 2001, ampliou para 30 (trinta) dias o prazo para interposição de embargos à execução pela Fazenda Pública. Sobrevieram inúmeras decisões intercorrentes que reconheceram incidentalmente a inconstitucionalidade do artigo, razão pela qual o Governador do Distrito Federal propôs a referida Ação Declaratória de Constitucionalidade com interesse de que fosse reconhecida a constitucionalidade do artigo.

A constitucionalidade da norma repousa na tese de que a Medida Provisória nº 2180-35 de 28 de abril de 2001 foi editada anteriormente à Emenda Constitucional nº 32/2001, a qual impediu a edição de medidas provisórias sobre matéria processual, mas convalidou as então editadas até a data de sua publicação.

A par disso, far-se-iam presentes os requisitos constitucionais da relevância e da urgência (art. 62 CR). O volume de demandas e a estrutura insuficiente da advocacia estatal tornariam imperativa a ampliação do prazo para embargos à execução, coisa que já não poderia ficar na dependência do lento tramite do legislativo do projeto (nº 2689/96) que sobre a mesma matéria, aguarda há quase dez anos deliberação.[33]

O Ministro Relator, Cezar Peluso, no juízo prévio e sumário entendeu que o Presidente da República não transpôs os limites dos pressupostos constitucionais para edição de medida provisória, posto que as notórias insuficiências da estrutura burocrática de patrocínio dos interesses do Estado, aliadas ao crescente volume de execuções contra a Fazenda Pública, tornaram relevante e urgente a ampliação do prazo para ajuizamento de embargos.

O relator, embora reconheça na norma a existência dos pressupostos constitucionais para sua edição, entende que tal análise somente poderá ser feita pelo Judiciário em caráter excepcional e recorre mais uma vez à teoria das *questões políticas* infensas de avaliação pelo Poder Judiciário:

---

[32] Disponível em: <http://redir.stf.jus.br/paginadorpub/paginador.jsp?docTP=AC&docID=469584>. Acesso em: 10 jun. 2011.

[33] Disponível em: <http://redir.stf.jus.br/paginadorpub/paginador.jsp?docTP=AC&docID=469584>. Acesso em: 10 jun. 2011.

Conforme entendimento consolidado da Corte, os requisitos constitucionais legitimadores da edição de medidas provisórias, vertidos nos conceitos jurídicos indeterminados de "relevância e urgência" (art. 62 CR), apenas em caráter excepcional se submetem ao crivo do Poder Judiciário, por força da regra da separação de poderes (art. 2º da CR) (ADI nº 2213, Rel. Min. Celso de Mello, *DJ* de 23.04.2004; ADI nº 1647 Rel. Min. Carlos Velloso, *DJ* de 26.03.1999; ADI nº 1.753-MC, Rel. Min. Sepúlveda Pertence, *DJ* de 12.06.1998; ADI nº 162-MC, Rel. Min. Moreira Alves, *DJ* de 19.09.1997).[34]

Os Ministros Cármen Lúcia, Eros Grau, Carlos Brito e Celso de Mello acompanham o relator para concederem a liminar, entretanto fizeram a ressalva pela sindicalidade judicial dos pressupostos constitucionais para edição de medida provisória.

Em especial, o Ministro Celso de Mello profere voto em que advoga a tese da competência do Poder Judiciário de efetuar o controle jurisdicional dos pressupostos constitucionais condicionantes da válida edição de Medidas Provisórias pelo Chefe do Executivo.

[...]

a expansão do poder presidencial, em tema de desempenho da função normativa primária — além de viabilizar a possibilidade de uma preocupante ingerência do Chefe do Poder Executivo da União no tratamento unilateral de questões, que historicamente, sempre pertenceram à esfera de atuação institucional dos corpos legislativo —, introduz fator de desequilíbrio sistêmico que atinge, afeta, desconsidera a essência da ordem democrática, cujos fundamentos, apoiados em razoes de garantia política e de segurança jurídica dos cidadãos, conferem justificação teórica ao princípio da reserva de Parlamento e ao Postulado de separação de poderes.

[...]

Para evitar que o texto da nossa Lei Fundamental se exponha a manipulações exegéticas, e seja submetido, por razoes de simples interesse político ou de mera conveniência administrativa, ao império dos fatos e das circunstâncias, degradando-se em sua autoridade normativa, que entendo possível o exame, por parte do Poder Judiciário, dos pressupostos da relevância e da urgência, os quais, referidos no art. 62 da Constituição da República, qualificam-se como requisitos legitimadores e essenciais ao exercício pelo Presidente da República, da competência normativa que lhe foi extraordinariamente outorgada para editar medidas provisórias.

---

[34] Disponível em: <http://redir.stf.jus.br/paginadorpub/paginador.jsp?docTP=AC&docID=4 69584>. Acesso em: 10 jun. 2011.

[...]

Tais pressupostos, precisamente porque são requisitos de índole constitucional, expõem-se, enquanto categorias de natureza jurídica, à possibilidade de controle jurisdicional.

É que a carga de discricionariedade política, subjacente a formulação inicial, pelo Chefe do Executivo, do juízo concernente aos requisitos da urgência e da relevância, não pode legitimar o exercício abusivo da prerrogativa extraordinária de legislar.[35]

A grande novidade trazida é que na decisão em epígrafe o ministro reconhece que o controle jurisdicional dos requisitos de relevância e urgência poderá ser feito não somente nos casos de abuso de poder pelo Presidente da República. Tanto é que no caso o ministro avalia e reconhece na norma a relevância e a urgência.

Trata-se, pois, de uma decisão importante frente à interferência irrisória do STF nas medidas provisórias editadas pelo Presidente da República. A rigor, na maioria das vezes, o Supremo Tribunal Federal em sua linha majoritária não se pronuncia acerca dos pressupostos de relevância e urgência, e, quando o faz, manifesta-se de maneira tímida. Contudo, não podemos esquecer que diversos ministros já aceitem que o uso excessivo de tal instrumento normativo configure abuso de poder.

Assim, não se verificou, na análise cometida, a necessária coerência quanto aos princípios que se demanda do aplicador do Direito. O Supremo Tribunal Federal demonstrou-se embrionário quanto ao exercício da jurisdição constitucional. Tal conduta compromete princípios basilares do direito, como: a tripartição de poderes, a democracia, a supremacia da Constituição, a rigidez constitucional, o monopólio da jurisdição, a cidadania, a soberania popular.

2.4 O Congresso Nacional e as medidas provisórias

Está disposto na Constituição de 1988, art. 49, inc. XI, que compete exclusivamente ao Congresso Nacional, "zelar pela preservação de sua competência legislativa em face da atribuição normativa dos outros poderes". A seu turno, a redação original do art. 62 estabeleceu que as medidas provisórias, após serem editadas pelo Presidente da República, deviam ser apreciadas pelo Poder Legislativo. Entretanto, a forma de exercício dessa prerrogativa pelo Congresso Nacional, previsto

---

[35] Disponível em: <http://redir.stf.jus.br/paginadorpub/paginador.jsp?docTP=AC&docID=4 69584>. Acesso em: 10 jun. 2011.

originalmente na Constituição, não restou clara. Do texto constitucional não é possível inferir o rito de apreciação das medidas provisórias ou a possibilidade de introdução de emendas ao projeto de lei de conversão pelo Congresso.

Com o intuito de regular o processo legislativo, quanto à tramitação das medidas provisórias no processo legislativo, o Congresso Nacional editou as resoluções de números 1^{36} e 2^{37} no ano de 1989, que vigoraram até 2001. No primeiro momento, seria elaborado o juízo de admissibilidade, isto é, a MP seria analisada pela Comissão Mista Especial formada para sua apreciação sob os critérios constitucionais da relevância e urgência.

No segundo momento, a apreciação de seu conteúdo seria feita pelas duas Casas legislativas separadas e sucessivamente (Câmara dos Deputados e Senado Federal) e, por ser parte integrante do processo legislativo (CR, art. 59), seriam admitidas alterações, por meio de emendas, de acordo com os dispositivos do Regimento das duas Casas legislativas. Desse modo, em tese, a MP pode ser aprovada *in totum*, ou submetida a alterações parciais ou, ainda, rejeitada expressa ou tacitamente (se não examinada no prazo constitucional).

Certo é ser esse um avanço se compararmos à sistemática adotada para os decretos-leis. Outro progresso encerra-se no fato de que passou a ser possível ao Congresso Nacional a aprovação integral, a rejeição e apresentação de emendas com caráter supressivo ou aditivo, retirando o legislativo da lógica do tudo ou nada — de aprovação ou rejeição em bloco de medidas provisórias.

Entretanto, o teor da Resolução nº 1/89 cingia-se apenas a disciplinar a tramitação das medidas provisórias no interior do Congresso.

Em 1995, o Congresso Nacional, por meio das Emendas Constitucionais nºs 6 e 7, acresceu ao texto constitucional o artigo 246, que vedava a adoção de medida provisória na regulamentação de artigo da Constituição cuja redação tenha sido alterada por meio de emenda promulgada a partir de 1995.

Trata-se de acordo político entre o Congresso Nacional e o então presidente da República — Fernando Henrique Cardoso (1995-2002). Se de um lado o Governo conseguiu aprovar no Congresso importantes

---

[36] Cf. BRASIL. Resolução nº 1, de 02.05.1989. Disponível em: <http://www6.senado.gov.br/legislacao/ListaTextoIntegral.action?id=110117>. Acesso em: 25 jun. 2011 (A Resolução nº 1/89 encontra-se reproduzida no ANEXO B deste livro, p. 175).

[37] Cf. BRASIL. Resolução nº 2, de 04.05.1989. Disponível em: <http://www6.senado.gov.br/legislacao/ListaTextoIntegral.action?id=110117>. Acesso em: 25 jun. 2011 (A Resolução nº 2/89 encontra-se reproduzida no ANEXO C deste livro, p. 179).

reformas constitucionais,[38] do outro o Congresso limitou a atividade legiferante por parte do p residente e, principalmente, impediu que a regulamentação das inovações postas na Constituição de 1988, por meio de emendas constitucionais promulgadas a partir de 1995, ocorresse por meio de medidas provisórias.

A despeito dessas inovações normativas e de tantas outras levadas sem efeito à discussão, o Congresso Nacional adotou ao longo dos anos uma postura passiva em exercer seu *mister* constitucional e rejeitar ou mesmo corrigir as medidas provisórias editadas. Nas palavras de Charles Pessanha:

> [...] Apesar das críticas contundentes ao uso ordinário desse instrumento extraordinário, a reação do Congresso foi tímida e lenta. A legislação disciplinadora do uso das medidas foi ineficaz, apesar das inúmeras propostas de leis e emendas constitucionais nesse sentido que, em alguns casos, pleiteavam a revogação do instituto do texto constitucional (PESSANHA, 2002, p. 175).

2.4.1 A Emenda Constitucional nº 32/2001

Outro problema recorrente que tangenciava o instituto das medidas provisórias era a falta da plena apreciação das mesmas por parte do Poder Legislativo.

A submissão das medidas provisórias ao Congresso Nacional constitui exigência que decorre da separação de poderes. A rigor, o conteúdo jurídico da medida provisória somente teria estabilidade normativa, a partir da conversão em lei pelo Congresso Nacional, único órgão investido do poder originário de legislar. Ao revés, o Legislativo não se demonstrou operante em sua tarefa de fazer valer o sistema dos "freios e contrapesos". Prova disso é que entre a data da promulgação da Constituição de 1988 e setembro de 2001 foram editadas 619 medidas provisórias, acrescidas de 5.491 reedições, o que totaliza 6.110 medidas provisórias. E o pior é que desse total, o Congresso Nacional rejeitou apenas 84, o que representa 86,4% de sucesso presidencial.[39]

---

[38] Já no início do governo de Fernando Henrique Cardoso houve a promulgação de importantes emendas à Constituição eliminando os monopólios nos setores energéticos e das comunicações: EC nº 5 de 15.08.1995 (gás canalizado); EC nº 8 de 15.08.1995 (telecomunicações); EC nº 9 de 11.11.1995 (petróleo). Na mesma época três grandes PECs foram enviadas ao Congresso: reforma tributária, reforma previdenciária e reforma administrativa.

[39] Conforme dados do próprio governo brasileiro disponíveis em: BRASIL. Casa Civil da Presidência da República. Subchefia para Assuntos Jurídicos. *Medidas provisórias*. Disponível em: <http://www4.planalto.gov.br/legislacao/legislacao-1/medidas-provisorias#content>. Acesso em: 08 ago.2011.

Argelina Figueiredo e Fernando Limongi (1999) apontam que a probabilidade de uma medida provisória vir a ter vigência plena, sem restrições parlamentares, é bastante elevada, ressaltando que o índice de 86,4% é muito próximo daquele de aprovação das leis de iniciativa do Poder Executivo.

Note-se, mais grave ainda, que no mesmo lapso temporal acima citado foram confeccionadas pelo Congresso Nacional 2.604 (duas mil seiscentos e quatro) leis ordinárias, ou seja, nem a metade do número de medidas provisórias editadas, restando claro que no Brasil quem mais legisla é o Poder Executivo.

Para Argelina Figueiredo e Fernando Limongi (1999), o que explica esse comportamento do Poder Legislativo é o fato de que as medidas provisórias vigoram desde sua edição. Assim, faz-se necessária uma atividade reativa por parte do Congresso, que não opta entre o *status quo* vigente e aquele a ser produzido pela medida provisória e sim entre a situação decorrente da edição da medida e uma hipotética rejeição dessa medida que já gerou efeitos práticos.

Indiscutível é a instabilidade legislativa a que estava exposta a democracia brasileira. Ademais, fatores outros contribuíam para aumentar essa vicissitude do ordenamento jurídico pátrio: a) a admissão de ilimitadas reedições das medidas provisórias; b) as mudanças de redação perpetradas nas reedições das medidas provisórias; c) a ausência da *vacatio legis*, ou seja, a vigência imediata de tudo quanto fosse editado por meio de medida provisória; d) a perda de eficácia *ex tunc* nas hipóteses de rejeição ou não reedição, com hipotética disciplina das relações surgidas neste ínterim, raras vezes feita, pelo Congresso Nacional e e) a ausência de delimitação temática expressa.

Nesse cenário, vislumbra-se de sobremodo quatro violações à Constituição:

1. O presidente edita norma com inobservância dos pressupostos constitucionais;
2. O Congresso não exerce seu papel de controle político-repressivo de constitucionalidade;
3. O Congresso passa a figurar como legislador-revisor e não como protagonista do processo legislativo e
4. Espécies normativas inconstitucionais continuam em vigência com o timbre (aval) do Congresso.

Esse foi o panorama que fez crescer na comunidade jurídica o anseio por uma emenda à Constituição que estabelecesse limite à edição de medidas provisórias.

Em linhas gerais, a doutrina advogava a necessidade de criação de limite material quanto à impossibilidade da edição de medidas provisórias em relação à: a) matéria reservada à lei complementar, até porque hermenêutica diversa conduziria ao absurdo da burla ao *quorum* qualificado constitucionalmente previsto para tal espécie normativa; b) matéria penal, visto que impossível afetar-se o *status libertatis* do cidadão sem lei em sentido estrito; c) matérias que não podem ser objeto de lei delegada (CR, art. 68, §1º), ou seja, aquelas matérias que o Congresso está vedado constitucionalmente de delegar ao Presidente da República poderes para legislar, porque só ao Congresso é dado dispor a respeito daqueles temas.

Como resposta à crise de legitimidade que o atravessava, após longos debates, o Congresso Nacional promulgou, em 11 de setembro de 2001, a Emenda Constitucional nº 32, com o intuito de frear a excessiva utilização de medidas provisórias pelo Poder Executivo, estabelecendo limites materiais e disciplinando o procedimento de conversão em lei. A emenda estabeleceu nova redação ao art. 62 e inseriu o art. 246 na Constituição, instituindo um quadro normativo diferenciado para a edição, tramitação, validade e amplitude da medida provisória.

É mister destacar algumas das mudanças trazidas com a EC nº 32/2001, particularmente na nova redação dada ao artigo 62. Essa Emenda, além de estabelecer novo prazo constitucional de vigência (de 30 para 60 dias), também modificou de maneira diversa a redação original contida no texto constitucional. Assim, o prazo passou a ser contado a partir da publicação da medida provisória, suspendendo-se, no entanto, durante os períodos de recesso parlamentar, diferentemente do que ocorria antes, quando, no caso de vir a ser editada medida provisória durante o recesso parlamentar, o Congresso deveria ser convocado extraordinariamente para se reunir no prazo de cinco dias.

A medida provisória ao dar entrada no Congresso Nacional seria examinada por Comissão Mista de deputados e senadores que apresentariam parecer por sua aprovação ou não. Após análise da Comissão Mista seria enviada à Câmara dos Deputados para análise de admissibilidade (relevância e urgência) e, na sequência, análise de mérito. Daí a medida provisória seguiria para o Senado Federal que, do mesmo modo que a Câmara, analisaria sua admissibilidade e mérito. Observe-se que, diferentemente da redação original, que exigia votação da medida provisória em sessão conjunta do Congresso Nacional, a EC nº 32/2001 determina que a votação será feita em sessões separadas pelo plenário da Câmara e do Senado, iniciando-se a sua apreciação pela Câmara.

A propósito, Clèmerson Merlin Clève, recorrendo ao magistério de Canotilho, assegura que:

[...] o controle parlamentar das medidas tem dupla dimensão: é político e jurídico, a um só tempo. A atividade do Legislativo não é absolutamente livre, circunscrevendo-se às diretrizes, normas e princípios aprovados pela Constituinte. Por isso, o Congresso Nacional haverá de formular juízo político, mas também jurídico, no tocante à admissibilidade (concretização dos pressupostos de edição) da medida provisória. É inegável que, neste particular, a dimensão política do controle vai prevalecendo sobre a jurídica (CLÈVE, 1999, p.116).

Na sequência, se convertida em lei a medida provisória, o presidente do Senado é que a promulgaria.

Observa-se que a EC nº 32/2001 criou nova espécie de regime de urgência constitucional para as medida provisórias. Se a medida provisória não tivesse sido apreciada em até 45 dias contados de sua publicação, ela entraria em regime de urgência e as duas Casas do Congresso Nacional teriam 15 dias para apreciarem, separadamente, o inteiro teor da medida provisória, ficando sobrestadas, até que se ultimasse a votação, todas as demais deliberações legislativas da Casa em que estivesse tramitando.[40]

Além disso, importante limite estabelecido às medida provisórias foi o determinado pelo §7º do inc. IV do art. 62 que dispõe que "prorrogar-se-á uma única vez por igual período a vigência de medida provisória que, no prazo de sessenta dias, contado de sua publicação, não tiver a sua votação encerrada nas duas Casas do Congresso Nacional".

Deve-se assinalar, também, que a EC nº 32/2001 vedou a edição de medidas provisórias relativas às seguintes matérias: nacionalidade, cidadania, direitos políticos, partidos políticos e direito eleitoral; direito penal, processual penal e processual civil; organização do Poder Judiciário e do Ministério Público, a carreira e a garantia de seus membros; planos plurianuais, diretrizes orçamentárias, orçamento e créditos adicionais e suplementares, ressalvado o previsto no artigo 167, §3º; que visem a detenção ou sequestro de bens, poupança popular ou qualquer outro ativo financeiro; matérias reservadas a lei complementar; já disciplinada em projeto de lei aprovado pelo Congresso Nacional e pendente de sanção ou veto do Presidente da República.

Ademais, a Emenda nº 32/2001, por meio da redação dada ao artigo 246, veda a adoção de medida provisória na regulamentação de artigo da Constituição cuja redação tenha sido alterada por meio

---

[40] Como se verá adiante, o Presidente da Câmara dos Deputados, Michel Temer, anunciou em plenário, em 17 de março de 2009, que mudou a interpretação dada a esse dispositivo que implicaria o sobrestamento de proposições no processo legislativo.

de emenda promulgada entre 1º de janeiro de 1995 até a promulgação dessa emenda, inclusive — portanto, 11 de setembro de 2001.

Diante da nova redação dada pela Emenda Constitucional nº 32/01, é relevante observar que o prazo constitucional de vigência, de 30, passou para 60 dias. Antes da Emenda, quando publicada uma medida provisória, o Congresso Nacional deveria ser convocado extraordinariamente para se reunir no prazo de cinco dias. O mesmo não ocorre com a redação atual, pois, nesse caso, o prazo contado a partir da edição da medida provisória ficará suspenso durante os períodos de recesso parlamentar.

Anteriormente à Emenda Constitucional nº 32/2001, a Constituição determinava que a votação das medidas provisórias fosse feita em sessão conjunta do Congresso Nacional. A partir da referida Emenda, a votação passou a ser feita em sessões separadas pelo plenário da Câmara primeiro e, posteriormente, pelo plenário do Senado. A medida provisória, ao dar entrada no Congresso Nacional, será examinada por Comissão Mista de deputados e senadores que apresentará parecer por sua aprovação ou não. Após análise da Comissão Mista a medida provisória será enviada à Câmara dos Deputados para análise de admissibilidade (relevância e urgência) e, na sequência, será elaborada a análise de mérito (LIMA, 2004, p. 89). Sendo a medida provisória aprovada, caberá ao Presidente do Senado promulgá-la.

É importante observar que a Medida Provisória deverá ser apreciada em até quarenta e cinco dias, contados de sua publicação, sob pena de entrar em regime de urgência, subsequentemente, em cada uma das Casas do Congresso Nacional. Logo, as duas Casas, separadamente, terão 15 dias para apreciarem a medida provisória, em seu inteiro teor.

Como destacado por Alexandre de Moraes:

> O *regime de urgência constitucional* poderá excepcionalmente, estender-se por 75 dias, pois, não sendo suficiente os 15 dias restantes de vigência da Medida Provisória, haverá possibilidade de uma única reedição por novo prazo de 60 dias, que já se inicia sob o regime [de] urgência, para que a medida provisória tenha sua votação encerrada (MORAES, 2011, p. 701, grifos do autor).

Observe-se que o §7º do art. 62 impõe limite à edição de medidas provisórias, pois descreve que será prorrogada uma única vez por igual período a vigência de medida provisória que, no prazo de sessenta dias, contado de sua publicação, não tiver a sua votação encerrada nas duas Casas do Congresso Nacional. Também se faz oportuno ressaltar que a

Emenda Constitucional nº 32/01 vedou a edição de medidas provisórias referentes a determinadas matérias (*vide* art. 62, §1º, inc. I, II, III e IV). Do ponto de vista normativo, através da EC nº 32/2001, o Poder Legislativo limita o poder de agenda do Executivo via medida provisória e fortalece o caminho ordinário de legislação. Adicionalmente, a nova redação dada pela EC nº 32/2001 ao art. 246 proíbe, de forma clara, a adoção de medida provisória, na regulamentação de artigo constitucional, cuja redação tenha sido modificada por emenda entre o dia primeiro de janeiro de 1995 até o dia 11 de setembro de 2001, data da referida Emenda.

2.4.1.1 A edição de medidas provisórias após a Emenda Constitucional nº 32/2001

Embora a intenção fosse delimitar as competências e deixar claro quais eram os limites a que o Presidente da República estava cingido, a EC nº 32/2001 não teve o condão de colocar fim aos abusos cometidos pelos sucessivos Presidentes da República.

Apesar do novo regime constitucional das medidas provisórias, pós-Emenda nº 32/2001, observa-se que o instituto das medidas provisórias foi utilizado de forma excessiva.

Senão, vejamos. Antes da Emenda Constitucional nº 32/01, que foi criada durante o segundo governo de Fernando Henrique Cardoso, em setembro de 2001, já tinham sido editadas entre janeiro/99 (início do seu segundo governo), e setembro/01 (mês em que foi criada a referida Emenda), 103 medidas provisórias. Ou seja, foram editadas, em 32 meses, 103 medidas provisórias e foram reeditadas 2.587 medidas provisórias. Entretanto, no mesmo governo, após a edição da Emenda nº 32/01, de setembro/01 a dezembro/02 (final do segundo governo de FHC), período de 15 meses, foram editadas 102 medidas provisórias. Percebe-se, então, que o Presidente Fernando Henrique editou 103 medidas provisórias em 32 meses, antes da Emenda nº 32/01. Após a Emenda, ele editou 102 medidas provisórias em 15 meses, o que acarreta um contrassenso, pois a edição da Emenda nº 32/01, que tinha como intuito frear o uso indiscriminado das medidas provisórias pelos respectivos Presidentes, não atingiu o seu objetivo, que era o de conter os números das medidas editadas pelos chefes do Poder Executivo. Em relação ao mesmo governo, observa-se quanto à rejeição do Congresso Nacional das medidas provisórias editadas que antes da Emenda Constitucional nº 32/01, criada durante o segundo governo de Fernando Henrique Cardoso, em setembro/01, apenas 1 medida provisória havia sido rejeitada, entre janeiro/99 (início do seu segundo governo), e setembro/01 (mês em que foi criada a Emenda nº 32), ou seja, apenas 1 medida provisória, das 103 editadas nesse período, foi rejeitada pelo Congresso Nacional em 32 meses, desde o início do governo FHC, até a edição da Emenda nº 32/01. Em contrapartida, no mesmo governo, após a edição da Emenda nº 32/01, de setembro/01 a dezembro/02 (final do segundo governo de FHC), período de 15 meses, foram rejeitadas pelo Congresso Nacional 14 medidas provisórias das 102 editadas pelo Presidente.[41]

Dados como esses, bem como os apresentados no QUADRO 1, adiante, nos fazem crer que as medidas provisórias não estão sendo usadas como medida emergencial, restando, por consequência, violados os pressupostos de relevância e urgência. A utilização indevida e excessiva desse instituto transforma-se em causa de insegurança jurídica, com a consequente ofensa ao Estado Democrático de Direito.

Essa praxe vem ocorrendo pelos sucessivos Presidentes da República e que não se trata de uma crise pessoal ou partidária, e sim, prática usual apta a afetar as relações políticas entre o Poder Judiciário e os Poderes Legislativo e Executivo.

A título de ilustração, trazemos à baila o número de medidas provisórias editadas anualmente, distribuídas por governo. Importante frisar que, no QUADRO 1, a seguir, no período relativo aos anos anteriores ao advento da Emenda nº 32/2011, foram computadas apenas as medidas provisórias originárias, sem as suas sucessivas reedições.

---

[41] Conforme dados do governo disponíveis em: BRASIL. Casa Civil da Presidência da República. Subchefia para Assuntos Jurídicos. Secretaria Geral da Presidência da República. Secretaria de Assuntos Parlamentares. Disponível em: <https://www.presidencia.gov.br/casacivil/site/static/le.htm>. Acesso em: 06 jun. 2005.

QUADRO 1

Quantidade de Medidas Provisórias por governo e ano no Brasil

GOVERNO	ANO	QUANTIDADE DE MEDIDAS PROVISÓRIAS
Governo Sarney – Final	1988	15
Governo Sarney – Final	1989	92
Governo Collor – Início	1990	77
Governo Collor – 2º ano	1991	10
Governo Collor – Final	1992	11
Governo Itamar – Início	1993	27
Governo Itamar – Final	1994	47
1º Governo FHC – Início	1995	51
1º Governo FHC – 2º ano	1996	18
1º Governo FHC – 3º ano	1997	34
1º Governo FHC – Final	1998	44
2º Governo FHC – Início	1999	38
2º Governo FHC – 2º ano	2000	23
2º Governo FHC – 3º ano	2001	129
2º Governo FHC – Final	2002	82
1º Governo Lula – Início	2003	58
1º Governo Lula – 2º ano	2004	73
1º Governo Lula – 3º ano	2005	42
1º Governo Lula – Final	2006	67
2º Governo Lula – Início	2007	70
2º Governo Lula – 2º ano	2008	40
2º Governo Lula – 3º ano	2009	27
2º Governo Lula – Final	2010	42
Total		1.117
Média de medida provisória por ano		50

FONTE: BRASIL. Casa Civil da Presidência da República. Subchefia para Assuntos Jurídicos. *Medidas provisórias*. Disponível em: <http://www4.planalto.gov.br/legislacao/legislacao-1/medidas-provisorias#content>. Acesso em: 08 ago.2011.

Da análise desse quadro, pode-se perceber que após a Emenda Constitucional nº 32/2001, a inserção no ordenamento de normas excepcionais pelo Chefe do Executivo sequer diminuiu. Aliás, *a contrario sensu*, aumentou.

Uma das possíveis razões para explicar isso é que, em decorrência do assoberbamento do Congresso Nacional, pelos embates políticos advindos ao longo dos anos de 1991 a 1994, conforme abordado no capítulo anterior, teria ocorrido um atrofiamento da atividade ordinária do Poder Legislativo e uma complacência com o uso das medidas provisórias pelos Presidentes da República, que não foi abandonada após o período. O presidente, desde então, passou a implementar sua agenda de governo por meio de utilização de medidas provisórias.

Outra análise possível, que corrobora com esse entendimento, é que, se consideramos a edição das medidas provisórias dentro de um mesmo governo, o aumento do número de edições se dá no primeiro e no último ano do mandato, o que poderia levar a crer que tal instrumento normativo vem sendo ordinariamente utilizado para ditar políticas de governo, sendo reféns de oportunismos e interesses partidários.

Ademais, apesar da limitação material inserida com a Emenda nº 32/2001, as medidas provisórias continuaram a ser utilizadas de forma abusiva, regulando desde pontos fundamentais até questões sem qualquer importância. É o que se pode chamar de "promiscuidade" de prerrogativa constitucional por parte do Executivo — caracterizando, em diversas oportunidades, verdadeira usurpação de Poder.

Outra prova cabal dessa usurpação de Poder é a pouca utilização pelo Presidente da República de outro instituto que lhe atribui competência legislativa: a lei delegada,[42] cuja elaboração é antecedida de delegação de atribuição do Poder Legislativo ao Executivo, através da chamada delegação *externa corporis*. Tal delegação se dá por Resolução (art. 68, parágrafo 2º, CR/88) e delimita o assunto sobre o qual a lei delegada irá tratar.

O esvaziamento do instituto da lei delegada e a preferência do Chefe do Poder Executivo em exercer a sua atividade legiferante por meio de medidas provisórias está no fato da sua competência para editá-la advir diretamente da Constituição, enquanto que na lei delegada, o Presidente deverá solicitar a delegação ao Congresso Nacional, e deverá utilizá-la, nos limites que a Casa Parlamentar impuser, havendo, pois, um maior controle por parte do Poder Legislativo.

---

[42] Na vigência da Constituição de 1988 até o final do ano de 2010 foram elaboradas apenas duas leis delegadas: a de nº 12, de 7 de agosto de 1992 e a de nº 13, de 27 de agosto de 1992, ao passo que no mesmo período foram editadas um mil cento e dezessete medidas provisórias.

2.4.2 Trancamento da pauta

Conforme intelecção do art. 62, §6º, da Constituição da República, com redação dada pela EC nº 32/2001, a medida provisória que não for analisada no prazo de quarenta e cinco dias, contados da publicação, entrará em medida de urgência, ficando sobrestadas todas as demais deliberações legislativas da Casa, até que se ultime sua votação. Desde então vinha se aplicando a interpretação literal desse dispositivo.

No entanto, essa interpretação foi objeto de discussão na Câmara dos Deputados por ocasião da Questão de Ordem nº 411/2009, de autoria do deputado Régis de Oliveira (PSP/SP)[43] quando o então Presidente da Casa, Deputado Michel Temer, entendeu, por meio de interpretação sistêmica da Constituição, e anunciou em plenário que apenas os projetos de lei ordinária que tenham por objeto matéria passível de edição de medida provisória poderiam ser sobrestados nos termos do §6º do art. 62 da Constituição da República. Daí, com a nova interpretação, as propostas de emendas constitucionais (PECs), projetos de lei complementar, resoluções e decretos legislativos poderiam ser votados mesmo que a pauta estivesse trancada.

> Responde à questão de ordem do Deputado Regis de Oliveira com uma reformulação e ampliação da interpretação sobre quais são as matérias abrangidas pela expressão "deliberações legislativas" para os fins de sobrestamento da pauta por medida provisória nos termos da Constituição; entende que, sendo a medida provisória um instrumento que só pode dispor sobre temas atinentes a leis ordinárias, apenas os projetos de lei ordinária que tenham por objeto matéria passível de edição de medida provisória estariam por ela sobrestados; desta forma, considera não estarem sujeitas às regras de sobrestamento, além das propostas de emenda à Constituição, dos projetos de lei complementar, dos decretos legislativos e das resoluções — estas objeto inicial da questão de ordem — as matérias elencadas no inciso I do art. 62 da Constituição Federal, as quais tampouco podem ser objeto de medidas provisórias; decide, ainda, que as medidas provisórias continuarão sobrestando as sessões deliberativas ordinárias da Câmara dos Deputados, mas não trancarão a pauta das sessões extraordinárias.[44]

---

[43] Disponível em: <http://www.camara.gov.br/sileg/integras/639343.pdf>. Acesso em: 16 out. 2011.

[44] Disponível em: <http://www.camara.gov.br/sileg/integras/639343.pdf>. Acesso em: 02 jul. 2011.

Contra a nova interpretação do Presidente da Câmara, líderes de partidos (DEM, PSDB e PPS) ajuizaram junto ao STF Mandado de Segurança (MS nº 27.931-1/DF), com pedido de liminar.

A seguir, extrato da decisão do Ministro Celso de Mello, indeferindo pedido de medida cautelar do Mandado de Segurança, *in verbis*:

> Na realidade, a expansão do poder presidencial, em tema de desempenho da função (anômala) de legislar, além de viabilizar a possibilidade de uma preocupante ingerência do Chefe do Poder Executivo da União no tratamento unilateral de questões, que, historicamente, sempre pertenceram à esfera de atuação institucional dos corpos legislativos, introduz fator de desequilíbrio sistêmico que atinge, afeta e desconsidera a essência da ordem democrática, cujos fundamentos — apoiados em razões de garantia política e de segurança jurídica dos cidadãos — conferem justificação teórica ao princípio da reserva de Parlamento e ao postulado da separação de poderes.
>
> [...]
>
> A interpretação dada pelo Senhor Presidente da Câmara dos Deputados ao §6º do art. 62 da Constituição da República, ao contrário, apoiada em estrita construção de ordem jurídica, cujos fundamentos repousam no postulado da separação de poderes, teria, aparentemente, a virtude de fazer instaurar, no âmbito da Câmara dos Deputados, verdadeira práxis libertadora do desempenho, por essa Casa do Congresso Nacional, da função primária que, histórica e institucionalmente, sempre lhe pertenceu: a função de legislar.
>
> É por isso que o exame das razões expostas pelo Senhor Presidente da Câmara dos Deputados, na decisão em causa, leva-me a ter por descaracterizada, ao menos em juízo de sumária cognição, a plausibilidade jurídica da pretensão mandamental ora deduzida nesta sede processual.
>
> A deliberação emanada do Senhor Presidente da Câmara dos Deputados parece representar um sinal muito expressivo de reação institucional do Parlamento a uma situação de fato que se vem perpetuando no tempo e que culmina por frustrar o exercício, pelas Casas do Congresso Nacional, da função típica que lhes é inerente, qual seja, a função de legislar.
>
> A construção jurídica formulada pelo Senhor Presidente da Câmara dos Deputados, além de propiciar o regular desenvolvimento dos trabalhos legislativos no Congresso Nacional, parece demonstrar reverência ao texto constitucional, pois — reconhecendo a subsistência do bloqueio da pauta daquela Casa legislativa quanto às proposições normativas que veiculem matéria passível de regulação por medidas provisórias (não compreendidas, unicamente, aquelas abrangidas pela cláusula de pré-exclusão inscrita no art. 62, §1º, da Constituição, na redação dada pela EC nº 32/2001) — preserva, íntegro, o poder ordinário de legislar atribuído ao Parlamento.

Mais do que isso, a decisão em causa teria a virtude de devolver, à Câmara dos Deputados, o poder de agenda, que representa prerrogativa institucional das mais relevantes, capaz de permitir, a essa Casa do Parlamento brasileiro, o poder de selecionar e de apreciar, de modo inteiramente autônomo, as matérias que considere revestidas de importância política, social, cultural, econômica e jurídica para a vida do País, o que ensejará — na visão e na perspectiva do Poder Legislativo (e não nas do Presidente da República) — a formulação e a concretização, pela instância parlamentar, de uma pauta temática própria, sem prejuízo da observância do bloqueio procedimental a que se refere o §6º do art. 62 da Constituição, considerada, quanto a essa obstrução ritual, a interpretação que lhe deu o Senhor Presidente a Câmara dos Deputados.[45] (MS nº 27.931-MC, Rel. Min. Celso de Mello, decisão monocrática, julgamento em 27.3.2009, *DJE* de 1º.4.2009)

2.5 Novos projetos de emendas constitucionais sobre medida provisória

As discussões sobre a possibilidade de impor novos limites ao Poder Executivo para a edição de medidas provisórias continuam no seio da sociedade e do Congresso Nacional.

Nesse contexto, diversos projetos de emenda à Constituição tramitam no Legislativo.

Talvez a Proposta de Emenda à Constituição nº 72/2005, aprovada em dois turnos no Senado, e que está na Câmara dos Deputados sob o número 511/2006 pronta para ser incluída na ordem do dia do plenário para julgamento em 1º turno, seja dentre elas a mais importante.

Dentre as inovações almejadas, a Proposta de Emenda à Constituição nº 72/2005 prevê que as medidas provisórias só entrem em vigor quando admitidas, formalmente, pelas comissões de Constituição e Justiça, da Câmara ou do Senado, ou por um dos plenários das duas Casas. Não há dúvida de que a iniciativa pode estabelecer, efetivamente, um freio ao Executivo e restabelecer a autonomia do Legislativo.

Há que se ponderar, entretanto, que, se aprovada a Proposta de Emenda à Constituição nº 72/2005 como está, teríamos o contraponto disso tudo no fato de que o instituto da medida provisória seria esvaziado, uma vez que a gênese do instituto requer que ela nasça para

---

[45] Disponível em: <http://www.stf.jus.br/arquivo/cms/noticiaNoticiaStf/anexo/MS27_931CM. pdf>. Acesso em: 02 jul. 2011.

ter efeitos imediatos, até mesmo pelo seu caráter constitucional de relevância e urgência.

Outra importante proposta de emenda à Constituição é a de nº 11/2011, de iniciativa do presidente do Senado, José Sarney (PMDB-AP), que resolve um problema do Senado ao estabelecer prazo para que a Câmara se manifeste e outro para que o Senado também se manifeste (55 dias em cada Casa) sobre as medidas provisórias.

Isso porque, hoje, muitas medidas provisórias chegam ao Senado com um ou dois dias para vencer o seu prazo e isso faz com que os senadores tenham que discutir projetos importantes, tais como o do chamado "trem-bala" e "salário mínimo" em um único dia.

Considerações finais

A democracia, não mais como regime de governo, mas enquanto paradigma do Estado Democrático de Direito, clama por uma Constituição eficaz. Contudo, experimenta um déficit no modo de seu funcionamento.

A partir das constatações trazidas neste capítulo, percebe-se que os controles recíprocos por parte dos Poderes da República poderiam tornar-se efetivos na medida em que cada um utilizasse dos instrumentos de controle postos à disposição pela Constituição da República.

A forma de atuação do Poder Legislativo — Congresso Nacional — e Judiciário — Supremo Tribunal Federal —, frente ao instituto das medidas provisórias incluído no ordenamento jurídico pátrio a partir da Constituição de 1988, não se revelou eficaz.

O Supremo Tribunal Federal, mesmo sendo legitimado a exercer a jurisdição constitucional, permite que espécies normativas inconstitucionais, editadas pelo Poder Executivo, sem que as mesmas cumpram os pressupostos constitucionais — uma, por não terem sido introduzidas no ordenamento legal da forma ordinária; duas, por não cumprir os requisitos emergenciais da norma de caráter excepcional — integrem o ordenamento jurídico.

A seu turno, o Congresso Nacional permite que tais espécies tornam-se válidas com a aquiescência do Poder Legislativo que aprovaram sua conversão em lei.

Entendemos que o fato de não se decidir ou não alterar uma política pública não significa a ausência de decisão por parte do Supremo ou do Congresso, podendo corresponder a uma forma de convalidar os abusos cometidos pelos sucessivos presidentes da República.

Nesse diapasão, verifica-se um flagrante desrespeito, por parte dos três Poderes instituídos, para com o processo legislativo, o que, de fato, esvazia a substância democrática do regime de 1988.

Referências

BANDEIRA DE MELLO, Celso Antônio. *Elementos de direito administrativo*. 3. ed. São Paulo: Malheiros, 1992.

BANDEIRA DE MELLO, Celso Antônio. Os pressupostos das medidas provisórias e o controle judicial. *Revista Enfoque Jurídico*, n. 6, abr./maio 1997.

BARACHO JÚNIOR, José Alfredo de Oliveira. A interpretação dos direitos fundamentais na Suprema Corte dos Estados Unidos e no Supremo Tribunal Federal. *In*: SAMPAIO, José Adercio Leite (Coord.). *Jurisdição constitucional e os direitos fundamentais*. Belo Horizonte: Del Rey, 2003. p. 315-345.

CANOTILHO, José Joaquim Gomes. *Constituição dirigente e vinculação do legislador*. Coimbra: Coimbra Ed., 1994.

CANOTILHO, José Joaquim Gomes; MOREIRA, Vital. *Fundamentos da Constituição*. Coimbra: Coimbra Ed., 1991.

CARVALHO NETTO, Menelick de. *A sanção no procedimento legislativo*. Belo Horizonte: Del Rey, 1992.

CARVALHO, Kildare Gonçalves. *Direito constitucional*. 12. ed. rev. e atual. Belo Horizonte: Del Rey, 2006.

CLÈVE, Clèmerson Merlin. *Medidas provisórias*. 2. ed. São Paulo: Max Limonad, 1999.

CORRÊA, Oscar Dias. *O Supremo Tribunal Federal*: corte constitucional do Brasil. Rio de Janeiro: Forense, 1987.

DANTAS, Ivo. *Aspectos jurídicos das Medidas Provisórias*. 2. ed. Brasília: Consulex, 1991.

FERREIRA FILHO, Manoel Gonçalves. *Comentários à Constituição brasileira de 1988*. São Paulo: Saraiva, 1992. v. 2.

FIGUEIREDO, Angelina Cheibub; LIMONGI, Fernando. *Executivo e Legislativo na nova ordem constitucional*. Rio de Janeiro: Ed. FGV, 1999.

GRAU, Eros Roberto. Medidas Provisórias na Constituição de 1988. *Revista dos Tribunais*, São Paulo, n. 658, 1990.

GRECO, Marco Aurélio. *Medidas provisórias*. São Paulo: Revista dos Tribunais, 1991.

HORTA, Raul Machado. *Direito Constitucional*. 4. ed. rev. e atual. Belo Horizonte: Del Rey, 2003.

LIMA, Eduardo Martins de *et al.* A jurisdição constitucional e as medidas provisórias. *In*: ENCONTRO ANUAL DA ANPOCS, 28., Caxambu, 2004. *Anais...* São Paulo: ANPOCS, 2004. 1 CD-ROOM.

LIMA, Eduardo Martins de. *Sistemas multipartidários e eleitorais brasileiros em perspectiva comparada*. São Paulo: Annablume; Belo Horizonte: FUMEC, 2004.

MACHADO, Hugo de Brito. *Curso de direito tributário*. 14. ed. São Paulo: Malheiros, 1998.

MACHADO, Hugo de Brito. Efeitos de Medida Provisória rejeitada. *Revista dos Tribunais*, ano 83, n. 700, p. 46-47, fev. 1994.

MELLO FILHO, José Celso de. Considerações sobre as medidas provisórias. *Revista PGE-SP*, São Paulo, 33, p. 203-225, jun. 1990.

MORAES, Alexandre de. *Direito constitucional*. 27. ed. São Paulo: Atlas, 2011.

MÜLLER, Friedrich. As medidas provisórias no Brasil diante do pano de fundo das experiências alemãs. *In*: CONFERÊNCIA NACIONAL DOS ADVOGADOS, 17., Rio de Janeiro, ago./set. 1999. *Anais*: Justiça: realidade e utopia. Brasília: Conselho Federal da OAB, 2000. v. 2, p.1437.

NASCIMENTO, Rogério José Bento Soares do. *Abuso do poder de legislar*: controle judicial da legislação de urgência no Brasil e na Itália. Rio de Janeiro: Lumen Juris, 2004.

NIEBUHR, Joel Menezes. *O novo regime constitucional da medida provisória*. São Paulo: Dialética, 2001.

PALU, Oswaldo Luis. *Controle de constitucionalidade*: conceitos, sistemas e efeitos. São Paulo: Revista dos Tribunais, 2001.

PESSANHA, Charles. O Poder Executivo e o processo legislativo nas constituições brasileiras: teoria e prática. *In*: VIANNA, Luiz Werneck (Org.). *A democracia e os três poderes no Brasil*. Belo Horizonte: Ed. UFMG; Rio de Janeiro: IUPERJ/FAPERJ, 2002. p. 141-194.

RAMOS, Carlos Roberto. *Da medida provisória*. Belo Horizonte: Del Rey, 1994.

ROCHA, Cármen Lúcia Antunes. Medidas provisórias e princípio da separação de poderes. *In*: MARTINS, Ives Gandra (Coord.). *Direito contemporâneo*: estudos em homenagem a Oscar Dias Correia. Rio de Janeiro: Forense Universitária, 2001. p. 44-69.

RODRIGUES, Anna Cláudia Manso S. O. *A medida provisória no controle abstrato de constitucionalidade*. Brasília: UnB, 2001. Mimeografado.

SILVA, José Afonso da. *Curso de direito constitucional positivo*. 15. ed. rev. atual. São Paulo: Malheiros, 1998.

SILVA, José Afonso da. *Curso de direito constitucional positivo*. 32. ed. rev. atual. São Paulo: Malheiros, 2009.

Informação bibliográfica deste texto, conforme a NBR 6023:2002 da Associação Brasileira de Normas Técnicas (ABNT):

LIMA, Eduardo Martins de; LIMA, Virgínia Silame Maranhão. Medidas provisórias e sistemas de controle. *In*: BARACHO JÚNIOR, José Alfredo (Coord.). *Medidas provisórias no Brasil*: origem, evolução e perspectivas. Belo Horizonte: Fórum, 2013. p. 49-100. ISBN 978-85-7700-798-1.

CAPÍTULO 3

O PROCESSO LEGISLATIVO E AS RELAÇÕES ENTRE EXECUTIVO E LEGISLATIVO NO BRASIL

EDUARDO MARTINS DE LIMA

MATHEUS FARIA CARNEIRO

Introdução

Neste capítulo o foco de análise é o processo legislativo no Brasil, quem são os atores políticos principais no cenário constitucional normativo, quem é o principal ator legislador e em que parâmetros é estabelecida a relação entre o Executivo e o Legislativo no plano federal. Para atender o objetivo proposto, o capítulo compreende seis seções, assim nomeadas: o processo legislativo no Brasil; o Executivo e sua função atípica legiferante; a organização do Estado federal brasileiro e a repartição de competências entre os entes federativos; traços institucionais gerais do período democrático pós-Constituição de 1988; a relação entre os poderes Executivo e Legislativo e a produção legislativa e as considerações finais.

3.1 O processo legislativo no Brasil

José Gomes Canotilho define o processo legislativo como "[...] um complexo de actos, qualitativa e funcionalmente heterógenos e autonómomos, praticados por sujeitos diversos e dirigidos à produção de uma lei do Parlamento" (CANOTILHO, 1998, p. 765).

Há concepções distintas entre as diversas abordagens teóricas sobre quais e quantas fases compõem o processo legislativo. A título meramente ilustrativo, cabe citar algumas dessas concepções valendo-se de alguns expoentes dentre os inúmeros doutrinadores. Para Raul Machado Horta o processo legislativo é uma atividade complexa e compreende várias fases na elaboração de leis: a iniciativa, a preparação, a deliberação, o controle e a comunicação (HORTA, 1989, p. 22).

De sua parte, Manoel Gonçalves Ferreira Filho (2007) observa que o processo legislativo compreende três fases, a de instituição (apresentação do projeto), a de constituição (apresentação de emendas até a sanção) e a de integração de eficácia (publicação).

Já José Afonso da Silva considera que o "processo legislativo é um conjunto de atos preordenados visando a criação de normas de Direito. Esses atos são: a) iniciativa legislativa; b) emendas; c) votação; d) sanção e veto; e) promulgação e publicação" (SILVA, 2009, p. 525). E arremata o autor, em outro trabalho, que: "Assim, poderíamos dizer que *o processo legislativo é o conjunto de atos* (iniciativa, emenda, votação, sanção) *realizados pelos órgãos legislativos e órgãos cooperadores para o fim de promulgar leis*" (SILVA, 2007, grifos do autor).

A criação de normas jurídicas, ou seja, o chamado processo legislativo, encontra-se, no caso brasileiro, disciplinado na Seção VIII do Capítulo I (Do Poder Legislativo) do Título IV (Da organização dos Poderes), disposto nos artigos 59 a 69 da Constituição de 1988 (CR/88). O art. 59 dispõe, *in verbis*, que:

> Art. 59. O processo legislativo compreende a elaboração de:
>
> I – emendas à Constituição;
>
> II – leis complementares;
>
> III – leis ordinárias;
>
> IV – leis delegadas;
>
> V – medidas provisórias;
>
> VI – decretos legislativos;
>
> VII – resoluções.
>
> Parágrafo único. Lei complementar disporá sobre a elaboração, redação, alteração e consolidação das leis.

A emenda constitucional, conforme disposto no art. 60, poderá ser de iniciativa de um terço, no mínimo, dos membros da Câmara dos

Deputados ou do Senado Federal, do Presidente da República, de mais da metade das Assembleias Legislativas das unidades da Federação, manifestando-se cada uma delas pela maioria relativa de seus membros. Ademais, por meio de cinco parágrafos a CR/88 determina que a Constituição não poderá ser emendada na vigência de intervenção federal, de estado de defesa ou de estado de sítio; que a proposta de emenda constitucional será discutida e votada em cada Casa do Congresso Nacional em dois turnos e somente será considerada aprovada se obtiver, em ambos os turnos, três quintos dos votos dos respectivos membros; que a emenda constitucional será promulgada pelas Mesas da Câmara dos Deputados e do Senado Federal, com o respectivo número de ordem; estabeleceu as chamadas cláusulas pétreas, isto é, que não será objeto de deliberação a proposta de emenda tendente a abolir a forma federativa de Estado, o voto direto, secreto, universal e periódico, a separação dos Poderes e os direitos e garantias individuais e, por fim, que a matéria constante de proposta de emenda rejeitada ou havida por prejudicada não pode ser objeto de nova proposta na mesma sessão legislativa.

A iniciativa das leis complementares e ordinárias, por sua vez, de acordo com o art. 61 da Constituição, cabe a qualquer membro ou Comissão da Câmara dos Deputados, do Senado Federal ou do Congresso Nacional, ao Presidente da República, ao Supremo Tribunal Federal, aos tribunais superiores, ao Procurador-Geral da República e aos cidadãos, na forma e nos casos previstos na Constituição. Quanto à iniciativa popular,[1] no caso de proposição de leis ordinárias e complementares, cabe observar que será exercida pela apresentação à Câmara

---

[1] Desde a promulgação da Constituição de 1988 foram aprovadas quatro leis de iniciativa popular: Lei nº 8.930/94, que dá nova redação ao art. 1º da Lei nº 8.072/90, que dispõe sobre os crimes hediondos, nos termos do art. 5º, inc. XLIII, da Constituição, e determina outras providências; Lei nº 9.840/99, conhecida como "Captação ilícita de sufrágios", que altera dispositivos da Lei nº 9.504/97 e da Lei nº 4.737/65, o Código Eleitoral; Lei nº 11.124/05, que dispõe sobre o Sistema Nacional de Habitação de Interesse Social/SNHIS, cria o Fundo Nacional de Habitação de Interesse Social/FNHIS e institui o Conselho Gestor do FNHIS; e a Lei Complementar nº 135/2010, conhecida como "Lei da ficha Limpa", que altera a Lei Complementar nº 64/90, que estabelece, de acordo com o §9º do art. 14 da Constituição, casos de inelegibilidade, prazos de cassação e determina outras providências, para incluir hipóteses de inelegibilidade que visam a proteger a probidade administrativa e a moralidade no exercício do mandato. Fonte dessas informações: consulta formulada à Coordenação de Relacionamento, Pesquisa e Informação/CORPI do Centro de Documentação e Informação da Câmara dos Deputados em 30 de junho de 2011. Observe-se que há uma polêmica sobre a real origem da iniciativa da Lei nº 8.930/94, uma vez que a própria Câmara dos Deputados informa na tramitação de matérias que o PL nº 4146/93, de autoria do Poder Executivo é que deu origem à nova Lei, mas na ementa da matéria indica que o projeto:

dos Deputados de projeto de lei subscrito por, no mínimo, um por cento do eleitorado nacional, distribuído pelo menos por cinco Estados, com não menos de três décimos por cento dos eleitores de cada um deles (conforme disposto no art. 61, §2º). A Constituição, ao tratar do município, dispõe no art. 29, inc. XII, que:

> Art. 29 O Município reger-se-á por lei orgânica, votada em dois turnos, com o interstício mínimo de dez dias, e aprovada por dois terços dos membros da Câmara Municipal, que a promulgará, atendidos os princípios estabelecidos nesta Constituição, na Constituição do respectivo Estados e os seguintes preceitos:
>
> [...]
>
> XIII – iniciativa popular de projetos de lei de interesse específico do Município, da cidade ou de bairros, através de manifestação de, pelo menos, cinco por cento do eleitorado;
>
> [...]

Da leitura da Constituição de 1988 depreende-se que os Estados disporão por lei (art. 27, §4º) as condições para a proposição legislativa por iniciativa popular e que os municípios, também, a contemplarão, observadas as determinações da Constituição da República e de seu respectivo Estado (CR/88, art. 29, XIII). Por simetria, Uadi Lamego Bulos observa que "[...] esse preceito se aplica ao Distrito Federal" (BULOS, 2010, p. 1149).

DÁ NOVA REDAÇÃO AO ARTIGO PRIMEIRO DA LEI Nº 8.072, DE 25 DE JULHO DE 1990, QUE "DISPÕE SOBRE OS CRIMES HEDIONDOS, NOS TERMOS DO ARTIGO QUINTO, INCISO XLIII, DA CONSTITUIÇÃO FEDERAL, E DETERMINA OUTRAS PROVIDENCIAS" (CO-AUTOR INICIATIVA POPULAR). (Disponível em: <http://www.camara.gov.br/proposicoesWeb/fichadetramitacao?idProposicao=21915>. Acesso em: 02 jul. 2011).

Sobre a polêmica, Uadi Lamego Bulos assevera que o projeto de iniciativa popular dispondo sobre crimes hediondos não tramitou regularmente porque constava na documentação apenas as assinaturas e número de carteira de identidade dos subscritores e que o mesmo "[...] foi encampado pelo Presidente da República e apresentado à Mesa do Congresso como de sua iniciativa" (BULOS, 2010, p. 1029-1030, nota n. 12). Além disso, Bulos afirma que do mesmo problema padeceu a iniciativa popular no caso das inelegibilidades. Diz Bulos que: "Em data de 29 de setembro de 2010, foi apresentado à Mesa da Câmara dos Deputados projeto de lei complementar, de iniciativa popular, prevendo novos casos de inelegibilidade. O projeto, encampado pelo Projeto de lei da Câmara n. 58, de 2010 – complementar (n. 68, de 1993 — complementar na Casa de origem), após regular tramitação, foi aprovado, com emendas, pelas duas Casas do Congresso nacional, convertendo-se na Lei Complementar n. 135, de 4 de junho de 2010, que altera a Lei Complementar n. 64, de 18 de maio de 1990 [...]" (BULOS, 2010, p. 1029-1030, nota n. 12).

O pano de fundo para a iniciativa popular, é importante que se frise, é o exercício da soberania do povo, prevista no art. 1º da Constituição de 1988 que estabelece os princípios fundamentais republicanos. Além disso, a Constituição dispõe no art. 14 que a soberania popular será exercida pelo sufrágio universal, e pelo voto direto e secreto, com valor igual para todos, e, nos termos da lei, mediante plebiscito, referendo e iniciativa popular. A esse propósito, Raul Machado Horta observa que:

A extensão da iniciativa legislativa aos cidadãos introduz na Constituição Federal, pela primeira vez, a possibilidade da iniciativa popular das leis, que, juntamente com o referendo e o plebiscito, representam formas do exercício da soberania popular, concretizadoras do poder popular direto, que a Constituição inscreveu no artigo inaugural dos Princípios Fundamentais (art. 1º, parágrafo único). (HORTA, 1989, p. 23)

Os projetos de iniciativa popular são regulamentados pela Lei nº 9.709/98, que também rege os plebiscitos e referendos, e pelo art. 252 do Regimento Interno da Câmara dos Deputados. A Lei estabelece que:

Art. 13 – A iniciativa popular consiste na apresentação de projeto de lei à Câmara dos Deputados, subscrito por, no mínimo, um por cento do eleitorado nacional, distribuído pelo menos por cinco Estados, com não menos de três décimos por cento dos eleitores de cada um deles.

§1º – O projeto de lei de iniciativa popular deverá circunscrever-se a um só assunto.

§2º – O projeto de lei de iniciativa popular não poderá ser rejeitado por vício de forma, cabendo à Câmara dos Deputados, por seu órgão competente, providenciar a correção de eventuais impropriedades de técnica legislativa ou de redação.

Artigo 14 – A Câmara dos Deputados, verificando o cumprimento das exigências estabelecidas no artigo 13 e respectivos parágrafos, dará seguimento à iniciativa popular, consoante as normas do Regimento Interno.

Os projetos de iniciativa popular seguem a mesma tramitação dos projetos de iniciativa de parlamentar, sendo submetidos à apreciação dos deputados, dos senadores e do presidente da República. Ademais, poder-se-ia dizer que a iniciativa popular restringe-se à proposição de leis ordinárias e complementares (art. 61, §2º) e não está contemplada no rol de autores de emendas constitucionais (pelo menos no nível federal). No entanto, alguns Estados (como é o caso de São Paulo, art. 22, inc. IV, e Bahia, art. 31, por exemplo) admitem a participação popular no processo legislativo de emenda à sua Constituição, enquanto que outros (como Minas Gerais, por exemplo, por meio do art. 65) admitem essa participação restrita às leis ordinárias e complementares.

Quanto ao processo de elaboração dos decretos legislativos e resoluções, cabe ao Regimento Interno das Casas legislativas disporem, uma vez que a Constituição é silente sobre a matéria. Por formalizarem deliberações proferidas no âmbito das matérias de competência exclusiva do Congresso Nacional (art. 49/CR), privativa da Câmara dos Deputados (art. 51/CR) e privativa do Senado Federal (art. 52/CR), todas as fases (inaugural, constitutiva e integração de eficácia) e atos do processo de elaboração dos decretos legislativos e das resoluções ocorrem por meio dos Deputados e/ou Senadores, bem como por meio das mesas ou comissões do Congresso Nacional, da Câmara dos Deputados ou do Senado Federal, não havendo a participação de qualquer autoridade ou órgão estranho ao Poder Legislativo.

Tanto os projetos de decreto legislativo quanto os de resolução podem ser apresentados por qualquer deputado, senador ou comissão, quando não sejam de iniciativa privativa da Mesa ou de outro colegiado específico, nos termos do Regimento, sendo a promulgação e publicação um dever da Mesa Diretora do Congresso Nacional, da Câmara dos Deputados ou do Senado Federal.

Alguns estudiosos do processo legislativo brasileiro, como Menelick de Carvalho Netto (1992), refutam a distinção entre decreto legislativo e resolução fundada nos efeitos externos do primeiro e do caráter interno da última, o que, de acordo com doutrina e jurisprudência predominantes no Brasil nas décadas de 1970 a 1990, a tornaria imune ao controle judicial. Esses estudiosos afirmam que os atos praticados pelo Poder Legislativo não podem ser confinados à dimensão interna de seus órgãos, estando sempre suscetíveis à apreciação do Poder Judiciário, tenham a forma de decreto legislativo ou de resolução, o que tornaria dispensável a previsão desses dois tipos de ato no processo legislativo, sendo suficiente a previsão apenas da resolução, como ocorre, por influência desse pensamento, na Constituição do Estado de Minas Gerais.

A doutrina prevalente e a jurisprudência do Supremo Tribunal Federal afirmam que os decretos legislativos regulam matérias de competência exclusiva do Congresso Nacional, previstos em especial no art. 49 da Constituição, que tendo efeitos externos a ele independem de sanção ou veto do presidente da República. Os procedimentos para sua expedição e tramitação são tratados no Regimento Interno da Câmara dos Deputados (em especial, art. 109, inc. II), no Regimento Interno do Senado Federal (arts. 211 *et seq.*) e no Regimento Interno Comum do Congresso Nacional (em especial, arts. 134 *et seq.*).

As resoluções legislativas, também, regem matéria de competência do Congresso Nacional, bem como de suas Casas, com efeitos internos, como é o caso de seus próprios regimentos internos. Os procedimentos para sua expedição e tramitação são tratados no Regimento Interno da Câmara dos Deputados (em especial, art. 109, inc. III), no Regimento Interno do Senado Federal (arts. 211 *et seq.*) e no Regimento Interno Comum do Congresso Nacional (em especial, arts. 134 *et seq.*).

Ressalte-se que o decreto legislativo é, também, um veículo para disciplinar as relações jurídicas decorrentes de medidas provisórias. De acordo com a Constituição, art. 62, §3º, uma vez que a medida provisória, após a sua edição, não for convertida em lei no prazo de sessenta dias, prorrogável uma única vez por igual período, perderá a sua eficácia, devendo o Congresso Nacional disciplinar, por decreto legislativo, as relações jurídicas dela decorrentes.

Caso o Congresso Nacional seja omisso e, nesse caso, não edite decreto legislativo até sessenta dias após a rejeição ou perda de eficácia de medida provisória, continuarão por ela regidas as relações jurídicas constituídas e decorrentes de atos praticados durante sua vigência.

Neste capítulo é importante destacar, também, a participação do Executivo no processo de formação das leis, quanto às leis delegadas e, especialmente, por competência própria no caso em que a Constituição lhe atribui a prerrogativa para editar medidas provisórias, dentro da previsão legal.

As leis delegadas (art. 68, CR/88) ocorrem por meio da delegação legislativa, que é a transferência da função legiferante, que primariamente é atribuída ao Poder Legislativo, a órgãos de outros poderes.

Saliente-se que as Constituições brasileiras de 1824, 1891 e 1934 não tratavam da delegação, em contrapartida à Constituição de 1946, que proibiu expressamente a delegação (art. 36, §2º), atribuindo exclusivamente ao Congresso o poder de legislar.

A lei delegada foi introduzida em 1961 na Constituição, momento da implementação do regime parlamentarista. No entanto, em 1963, o presidencialismo é restabelecido, bem como o princípio da indelegabilidade das funções legislativas.

A Constituição de 1967, por sua vez, retomou o princípio da indelegabilidade, no entanto fez ressalvas ao seu uso. Dessa forma, as leis delegadas são consideradas uma exceção ao citado princípio, elaboradas pelo Chefe do Poder Executivo, por meio de delegação do Congresso Nacional.

A Constituição de 1988 (art. 68) restringiu materialmente a expedição de leis delegadas. Assim, não poderão ser objeto de delegação os atos de competência exclusiva do Congresso Nacional, os de competência privativa da Câmara dos Deputados ou do Senado Federal, bem como a legislação sobre as matérias relativas à organização do Poder Judiciário e do Ministério Público, a carreira e garantia de seus membros, como por exemplo, a vitaliciedade, inamovibilidade e irredutibilidade de subsídio, à nacionalidade, à cidadania, aos direitos individuais, políticos e eleitorais, aos planos plurianuais, diretrizes orçamentárias e orçamentos e, também, matéria reservada à lei complementar. Ademais, observe-se que a delegação ao Presidente da República terá a forma de Resolução do Congresso Nacional, que especificará seu conteúdo e os termos de seu exercício e pode, ainda, estar determinada nessa resolução a apreciação do projeto pelo Congresso, em votação única, estando vedada qualquer emenda.

A medida provisória, prevista como parte integrante do processo legislativo, como destacado acima, e ato próprio do Poder Executivo, diferente da lei delegada, advém de competência própria, atribuída pela Constituição. Portanto, não há delegação do Congresso Nacional para que o Presidente da República possa editá-la (art. 62 c/c art. 84, inc. XXVI).

Logo, a competência para legislar por medida provisória advém diretamente da Constituição, enquanto na lei delegada o Presidente deverá solicitar a delegação ao Congresso Nacional, e deverá utilizá-la nos limites que a Casa Parlamentar impuser.[2]

---

[2] A esse propósito é importante observar os parâmetros estabelecidas por Clèmerson Merlin Clève:
"A delegação com assento constitucional dá-se quando a Lei Fundamental confere ao ato normativo do Executivo natureza de ato legislativo. Esse tipo de delegação pode ser encontrado nas Constituições do pós-guerra (França, Portugal, Espanha, Itália e, também, Brasil)" (2000, p. 127).
Acerca do conceito de delegação, frise-se o que diz Clève: "Por delegação, entende-se, provisoriamente a transferência de função atribuída constitucionalmente de um órgão a outro do próprio ou de outro poder" (2000, p. 127, nota 69).
Clève, ademais, observa que:
"A delegação legislativa, tal como, formalmente, tratada no regime constitucional brasileiro, envolve a produção de uma lei de autorização, votada pelo Legislativo, e de uma (ou mais de uma) lei autorizada, elaborada pelo Executivo. A lei de autorização (resolução do Congresso Nacional) e a lei autorizada (lei delegada) operacionalizam a técnica da delegação legislativa" (2000, p. 250-251).
Clève admite que a partir da combinação das atribuições contidas no inc. XXVI do art. 84 c/c art. 62 pode-se concluir que:
"O particular é suficiente para demonstrar que o Presidente dispõe de competência própria (embora excepcional) para adotar a medida provisória, *inocorrendo*, no caso, por

3.2 O Executivo e sua função atípica legiferante

Há um razoável consenso na literatura especializada em Ciências Políticas, e até mesmo no Direito, de que o Parlamento não pode funcionar sem algum tipo de delegação de autoridade ao Chefe de Governo. De acordo com André Ricardo Pereira: "Esse enfoque evoluiu para a tese geral de que na relação Executivo — Legislativo sempre há delegação, tanto no parlamentarismo quanto no presidencialismo" (PEREIRA, 2001, p. 248).

Assim, a delegação de poder para o chefe do Executivo pode se dar, de um modo geral, nas seguintes áreas: liberdade para produção e apresentação de propostas legislativas; condições especiais para aprovação de matérias no Legislativo e concessão de recursos para implementação de políticas. Em qualquer que seja a área, os legisladores estão reduzindo suas prerrogativas na qualidade de propositores, avaliadores e/ou fiscalizadores. Nesse diapasão, pode-se falar que há poderes reativos e proativos que são concedidos pelas Constituições aos Chefes dos Poderes Executivos. Nas palavras de André Ricardo Pereira, *in verbis*:

> Os poderes pró-ativos são aqueles que aumentam a capacidade do chefe do Executivo em atuar como *agenda setter*, impondo sua preferência por meio de privilégios na apresentação e aprovação de seus projetos. Isso se faz por meio do poder de decreto, pela iniciativa exclusiva de matérias, pela capacidade de convocar referendos e pelos poderes excepcionais de emergência. No caso do Brasil podemos incluir nesta categoria a capacidade do chefe do Executivo em solicitar urgência para o trâmite de seus projetos. Os poderes reativos são aqueles que aumentam a capacidade de manter os projetos como enviados, diminuindo as mudanças apostas pelo Legislativo. Eles constituem os diferentes tipos de veto: o total, o parcial e o "de bolso" (*pocket veto*). (PEREIRA, 2001, p. 258, grifos do autor)

De acordo com Raul Machado Horta, o monopólio da lei formal e material reside no Legislativo. No entanto, o que ocorreu foi o deslocamento da atividade legislativa para o governo. Exemplos disso são as figuras do decreto-lei, da lei delegada, dos *provvedimenti provvisori*

---

conseqüência, hipótese de autorização de delegação legislativa (uma vez atendidos os pressupostos de habilitação)" (CLÈVE, 2000, p. 170, grifo nosso).
Diferentemente de Clève, outros autores, como Ives Gandra da Silva Martins (1990), Carlos Mário da Silva Veloso (1989) e Brasilino Pereira dos Santos (1993) e Clélio Chiesa (1996), consideram que a medida provisória é uma delegação legislativa.

e das medidas provisórias em diversos países, implicando a redução da intensidade legislativa do monopólio de produzir leis por parte do Poder legislativo, "[...] sem a perda da competência exclusiva de elaboração da lei". Para o autor:

> A atividade legislativa paralela do Poder Executivo, em períodos normais ou em períodos de crises, passou a compartilhar do exercício da atividade legislativa, atingindo a exclusividade da competência legislativa que o Poder legislativo deteve no esplendor da democracia clássica e do liberalismo político e econômico. (HORTA, 1994, p. 158)

Deve-se observar, contudo, que aquele deslocamento da iniciativa legal do Legislativo para o Executivo, conforme Charles Pessanha,

> [...] é uma realidade que se consolidou aos poucos ao longo do século 20. Não é real nas democracias, entretanto, a abdicação do Legislativo da sua tarefa de fiscalizar e exercer controle sobre os atos do Poder Executivo e, em última análise, ser o principal responsável pelo ato legislativo, pela produção de normas jurídicas. (PESSANHA, 2002, p. 180)

No que respeita à atividade normativa primária do Executivo, como já se viu, além das leis delegadas a Constituição de 1988 prevê, ainda, a existência das medidas provisórias e dos chamados acordos executivos.

A lei delegada[3] é ato normativo primário, mas dependente de autorização prévia do Poder Legislativo, que se consubstancia em Resolução. O Chefe do Executivo Federal solicita o aval do Parlamento que, insta salientar, deve ser dado de forma específica acerca de seu conteúdo e os termos de seu exercício, tudo conforme reza a Constituição de 1988. Não é lícito ao Congresso, por conseguinte, delegar de forma definitiva a competência de legislar ao Chefe do Executivo, vez que isso implicaria a total subversão do sistema de "freios e contrapesos" e da própria doutrina da separação de poderes.

---

[3] O art. 59 da Constituição de 1988, quando traça as espécies normativas no processo legislativo constitucional, aduz acerca da existência da Lei Delegada, sendo que desde sua gênese, só foram editadas treze. Em 1962 foram editadas 11 leis delegadas e desde a Constituição de 1988 somente duas, as de números 12 e 13, que tem como ementas, respectivamente, a Instituição de Gratificação de Atividade Militar para os servidores militares federais das Forças Armadas e a Instituição de Gratificações de Atividade para os servidores civis do Poder Executivo, revê vantagens e dá outras providências. Essas informações foram obtidas no sítio da Presidência da República (Disponível em: <http://www4.planalto.gov.br/legislacao-1/leisdelegadas-1>. Acesso em: 19 jun. 2011).

Assim como as medidas provisórias, as leis delegadas também estão submetidas às limitações de cunho material, diferenciando muito pouco das restrições impostas àquelas. A dessemelhança que há entre estas limitações são as seguintes: a medida provisória pode tratar de direitos individuais, enquanto a lei delegada não o pode. É permitido a essa tratar sobre partidos políticos, enquanto aquela não o é. Afora essas duas diferenças, podem as leis delegadas tratar de créditos adicionais e suplementares, sendo, contudo, vedado às medidas provisórias veicularem aludidas matérias.

O expediente autorizativo para a edição de leis delegadas, como dito, terá forma de Resolução, que poderá determinar a apreciação do projeto pelo Congresso Nacional. Se assim o fizer, dever-se-á ter votação única vedada qualquer emenda. Poderá, também, a Resolução permitir que o processo legislativo se ultime no âmbito do próprio Poder Executivo, prescindindo-se, assim, de aprovação do Congresso.

De acordo com Charles Pessanha, há que esse observar que:

> A delegação, em um sentido amplo, designa o ato pelo qual o titular de uma competência (delegante) transfere seu exercício a uma outra autoridade (delegatária). A delegação deve, entretanto, obedecer sempre a uma regra absoluta: autorizada por um texto de habilitação [...]. (PESSANHA, 2002, p. 157)

Saliente-se, valendo-se de Paulo Gustavo Gonet Branco: "A lei delegada e a própria resolução delegatória estão sujeitas ao crivo do Judiciário, até mesmo sob o seu aspecto de constitucionalidade" (MENDES; COELHO; BRANCO, 2009, p. 923).

Deve-se lembrar, também, que a "[...] autorização para expedição de decretos e regulamentos para 'fiel execução das leis' constante em todas Constituições republicanas foi mantida" (PESSANHA, 2002, p. 172).

Importa, por fim, frisar o que estatuído no art. 49, inc. V, da Constituição de 1988 viabiliza ao Congresso, via decreto-legislativo, a sustação de qualquer ato normativo que exorbite do poder regulamentar ou dos limites de delegação legislativa. Portanto, se o Executivo ao editar a lei delegada extrapolar os limites da delegação, poderá o Congresso, por meio de decreto-legislativo, sustar a lei delegada e "[...] com eficácia *erga omnes*" (conforme MENDES; COELHO; BRANCO, 2009, p. 923, grifos do autor). O dispositivo ora em comento traça de forma clara a ilicitude de atividade normativa primária por parte do Executivo, salvo nas hipóteses trazidas pela própria Constituição, qual seja, medidas provisórias, leis delegadas e acordos executivos.

No âmbito administrativo, já se discutiu em sede doutrinária a possibilidade do Executivo criar normas abstratas e genéricas por meio dos chamados decretos autônomos ou independentes, quando não houvesse lei dispondo a respeito de um determinado tema. O art. 84, IV, da Constituição dispõe que compete privativamente ao Presidente da República sancionar, promulgar e fazer publicar as leis, bem como expedir decretos e regulamentos para a sua fiel execução.

O que o texto constitucional autoriza é a edição dos chamados decretos regulamentares, cujo objeto é o esmiuçar, detalhar ou, em outras palavras, dar a marca do casuísmo administrativo à lei abstrata e genérica. É bom que se frise que o regulamento está estritamente balizado pela lei que lhe é objeto, não sendo possível, por conseguinte, ao Chefe do Poder Executivo expedir decretos que sejam *contra* ou *ultra legem*. Como dito, esses atos administrativos prestam apenas para corroborar com o fiel cumprimento das leis. Ademais, consoante dito *retro*, o art. 49, V, da Constituição de 1988 autoriza o Congresso a sustar os atos normativos do Poder Executivo que exorbitem do poder de regulamentar. Assim, o constituinte brasileiro, realmente, consagrou de forma inequívoca a legalidade sob a diretriz da reserva de lei formal.

A Emenda Constitucional nº 32/2001 alterou, contudo, o art. 84, VI, para possibilitar ao Presidente da República poderes para dispor mediante decreto, sobre organização e funcionamento da administração federal, quando não implicar aumento de despesa nem criação ou extinção de órgãos, mas viabilizando a extinção de funções ou cargos públicos, quando vagos. A partir dessa emenda à Constituição, portanto, surgiu no Brasil a possibilidade muito restrita, insta observar, da expedição de decretos autônomos, que outorgam a possibilidade do Executivo criar direito novo de objeto bastante limitado, qual seja, a organização administrativa, e desde que não aumente despesa, nem implique criação ou supressão de órgãos, matérias essas sob o pálio da reserva de lei formal.

No plano do Direito Internacional Público, encontramos uma figura normativa primária que em tese poderia ser utilizada pelo Executivo brasileiro, para inovar a ordem jurídica com força de lei ordinária. São os chamados Tratados Executivos.

Tratados, ou acordos executivos, seriam todos os tratados internacionais carentes de aprovação individualizada do Congresso. No Brasil, os acordos executivos encontram assento constitucional. O art. 49 da Constituição reza ser da competência exclusiva do Congresso Nacional resolver definitivamente sobre tratados, acordos ou atos internacionais que acarretem encargos ou compromissos gravosos ao patrimônio nacional.

Ora, o texto dispõe, importa salientar, que é da competência do Congresso resolver sobre tratados que acarretem encargos ou compromissos gravosos ao patrimônio nacional. Toda matéria estranha a essa, em tese, poderia o Chefe do Executivo resolver de forma unilateral, por meio de tratado. Assim, estaria o chefe do Executivo, como Chefe de Estado, ao celebrar tratados internacionais inovando no plano jurídico interno com supedâneo no art. 84, que diz: "Compete privativamente ao Presidente da República: [...] VIII – celebrar tratados, convenções e atos internacionais, sujeitos a referendo do Congresso Nacional". Ora, conjugando esse dispositivo com aquele que trata das competências exclusivas do Congresso Nacional, conclui-se que o presidente apenas deva submeter ao Legislativo tratados que importem encargos ou compromissos gravosos ao País.

Sabendo-se que uma vez incorporados no direito interno, os tratados têm força de lei ordinária, salvo se versarem sobre direitos humanos e forem aprovados, nos moldes do art. 5º, §3º, tendo, a partir daí, força de emenda à Constituição. Destarte, forçoso é concluir ser possível ao poder Executivo celebrar tratados internacionais que inovam no sistema jurídico e que independem de aprovação do Congresso, exsurgindo daí outra modalidade normativa primária exercida pelo Chefe do Executivo.

A legalidade é, sem sombra de dúvida, um dos fundamentos basilares do Estado de Direito. O Estado Democrático de Direito, contudo, exige um *plus*. É necessário que a criação de direito novo, via de regra, se submeta à discussão dialética típica das Casas Legislativas.

Tendo em vista a dinâmica das relações sociais que a cada dia se torna mais complexa e mutante, aliada à ineficiência do Legislativo em evitar o anacronismo das leis, vislumbra-se uma tendência mundial em delegar funções legiferantes aos Chefes dos Executivos.

Aludida tendência traz a falsa impressão de que o Executivo é mais eficiente em legislar, vez que é despicienda a discussão, a votação e todos os trâmites do processo legislativo regular. A imposição do Executivo, de forma unilateral, contudo, traz sem sombra de dúvidas uma álea substancialmente à democracia.

Montesquieu já nos alertava acerca do risco à liberdade advindo da concentração de poderes, *in verbis*:

> A liberdade política em um cidadão é aquela tranqüilidade de espírito que provém da convicção que cada um tem da sua segurança. Para ter-se essa liberdade, precisa que o Governo seja tal que cada cidadão não possa temer outro. Quando, na mesma pessoa ou no mesmo corpo

de Magistratura, o Poder Legislativo é reunido ao Executivo, não há liberdade. Porque pode temer-se que o mesmo Monarca ou o mesmo Senado faça leis tirânicas para executá-las tiranicamente.

Também não haverá liberdade se o Poder de Julgar não estiver separado do Legislativo e do Executivo. Se estivesse junto com o Legislativo, o poder sobre a vida e a liberdade dos cidadãos seria arbitrário: pois o Juiz seria Legislador. Se estivesse junto com o Executivo, o Juiz poderia ter a força de um opressor.

Estaria tudo perdido se um mesmo homem, ou um mesmo corpo de principais ou de nobres, ou do Povo, exercesse estes três poderes: o de fazer as leis; o de executar as resoluções públicas; e o de julgar os crimes ou as demandas dos particulares. (MONTESQUIEU, 1979, p. 40)

3.3 A organização do Estado federal brasileiro e a repartição de competências entre os entes federativos

A Constituição de 1988 trata em seu art. 1º que a República Federativa do Brasil é composta pela união indissolúvel dos Estados e Municípios e do Distrito Federal, constituindo-se em Estado Democrático de Direito. A partir dos arts. 18 e seguintes dispõe sobre a organização do Estado e trata nos arts. 21 a 33, em especial, da repartição das chamadas competências materiais e legislativas dos entes que compõem a Federação.

Já no seu art. 2º dispõe que são poderes da união, independentes e harmônicos entre si, o Legislativo, o Executivo e o Judiciário. No título reservado à organização dos Poderes de Estado e das funções essenciais à justiça, a Constituição detalha em diversos artigos (arts. 44 ao 133) as atribuições, as prerrogativas e o funcionamento de cada um desses poderes, em especial. Assim, poder-se-á verificar, dentre outros aspectos, as atribuições, as competências, o funcionamento, e os instrumentos à disposição dos órgãos estatais da Administração Pública.

Nessa seção o foco de análise estará voltado para a repartição de competências entre os entes federativos para, nas seções seguintes, desenvolver-se os temas: traços institucionais gerais do período pós-1988 e a relação entre o Executivo e o Legislativo no Brasil.

A repartição de competências legislativas e materiais em um Estado de forma federal definem o próprio caráter da distribuição geográfica do poder.[4] É o termômetro da federação, pois delimita o

---

[4] Discorrendo sobre a autonomia de que dispõem os Estados-membros num Estado federal, Paulo Gustavo Gonet Branco assinala que: "A autonomia importa, necessariamente,

espaço de atuação de cada um daqueles que a integram. A autonomia das entidades federativas pressupõe repartição de competências e a distribuição constitucional de poderes, a fim de possibilitar o exercício e desenvolvimento de sua atividade normativa. De acordo com José Afonso da Silva,

> *Competência* é a faculdade juridicamente atribuída a uma entidade, ou de um órgão ou agente do Poder Público para emitir decisões. *Competências* são as diversas modalidades de poder de que se servem os órgãos ou entidades estatais para realizar suas funções. (2009, p. 479, grifos do autor)

Considerando que no Estado Federal incidem mais de uma ordem jurídica sobre um mesmo território e sobre uma mesma população, surgiu a necessidade de se adotar mecanismo que, explica Paulo Gustavo Gonet Branco, "[...] favoreça a eficácia da ação estatal, evitando conflitos e desperdício de esforços e recursos" (MENDES; COELHO; BRANCO, 2009, p. 849). Segundo o autor: "A repartição de competências entre as esferas do federalismo é o instrumento concebido para esse fim". E essa repartição "[...] consiste na atribuição, pela Constituição Federal, a cada ordenamento de uma matéria que lhe seja própria" (MENDES; COELHO; BRANCO, 2009, p. 849).

O Brasil consagrou na Constituição de 1891 a forma horizontal de repartição de competências, a qual privilegia a atribuição de competências exclusivas e privativas aos entes da federação, restringindo a possibilidade de conflitos ou tornando mais objetivas as formas de solução dos mesmos. O federalismo de cooperação consagrado a partir da Constituição de 1934 tornou mais complexa a repartição de competências, na medida em que a forma horizontal de repartição de competências cedeu espaço para a forma vertical, com a previsão de competências comuns e concorrentes entre União e Estados.[5]

---

descentralização do poder". Essa descentralização é não apenas administrativa, como, também, política. Por fim, ainda de acordo com o autor: "É característico do Estado federal que essa atribuição dos Estados-membros de legislar não se resuma a uma mera concessão da União, traduzindo, antes, um direito que a União não pode, a seu talante, subtrair das entidades federadas; deve corresponder a um direito previsto na Constituição Federal" (MENDES; COELHO; BRANCO, 2009, p. 848).

[5] Na modalidade de repartição horizontal de competências, não se admite concorrência de competências entre os diferentes entes federados. Já na repartição vertical de competências, realiza-se a distribuição da mesma matéria entre a União e os Estados-membros (veja-se, por exemplo, MENDES; COELHO; BRANCO, 2009).

A esse propósito, José Alfredo Baracho Júnior observa que:

> O sistema de competências estabelecido na Constituição da República é bastante complexo, especialmente na medida em que busca conjugar a forma horizontal com a forma vertical de repartição de competências. Tal fato potencializa os conflitos entre leis editadas no âmbito dos Estados e no âmbito federal, ainda que se busque na competência privativa uma forma de atribuição de competências que não admite concorrências. (BARACHO JÚNIOR, 2007, p. 279)

A Constituição de 1988 dispõe no seu art. 1º, como se sabe, que a República Federativa do Brasil é formada pela união indissolúvel dos Estados e Municípios e do Distrito Federal e constitui-se em Estado Democrático de Direito. Ademais, reafirme-se, por meio de seu art. 18, a Constituição reza que a organização político-administrativa da República Federativa do Brasil compreende a União, os Estados, o Distrito Federal e os Municípios, todos autônomos, nos termos da Constituição.

Essa mesma Constituição articula a repartição de competências entre União e Estados de forma conjugada, estabelecendo competências exclusivas e privativas, além das comuns e concorrentes entre os seus entes federativos, norteadas pelo princípio geral da predominância do interesse. Dessa forma, à União cabe legislar sobre matérias e questões de predominante interesse geral nacional.[6] Aos Estados os assuntos de predominante interesse regional e aos Municípios os de interesse local.[7]

As competências podem ser classificadas em dois grandes grupos. O primeiro é o da competência material, que se traduz nas atribuições administrativas e se dividem em exclusiva e comum. O segundo é o da competência legislativa, que se traduz na possibilidade de regulamentar determinada matéria por meio da expedição de leis, dividindo-se em exclusiva, privativa, concorrente e suplementar.

Diz-se que a competência é exclusiva quando é atribuída a uma entidade com exclusão das demais, sem possibilidade de delegação

---

[6] A União, no plano legislativo, pode editar: a) leis nacionais: que alcançam todos os habitantes do território nacional e outras esferas da Federação e b) leis federais: que incidem sobre os jurisdicionados da União, como os servidores federais e o aparelho administrativo da União.

[7] Podem ser considerados de interesse local as atividades, e a respectiva regulação legislativa, concernentes ao transporte coletivo municipal, coleta de lixo, ordenação do solo urbano, fiscalização das condições de higiene de bares e restaurantes, horário de funcionamento de farmácias, dentre outros que impliquem em interesse predominantemente municipal (Cf MENDES; COELHO; BRANCO, 2009, p. 848).

(transmitir o poder). Competência privativa, àquela enumerada como própria de uma entidade, podendo, contudo ser delegada a outra. Competência comum significa legislar ou praticar atos "em pé de igualdade" com outros, sem que o exercício de uma venha a excluir a competência de outra, sendo que o exercício das competências comuns, de acordo com Suely Araújo, deve pautar-se pela cooperação governamental (ARAÚJO, 2005, p. 3). Competência concorrente é a possibilidade de dispor sobre o mesmo assunto ou matéria por mais de uma entidade federativa. Podendo ser plena, no âmbito de seu território, quando inexistir legislação federal, ou suplementar, quando as normas supram ausência ou omissão de determinado ponto da norma geral nacional, ou desdobrem seu conteúdo visando atender peculiaridades locais. Sempre a legislação federal terá primazia sobre as elaboradas concorrente ou suplementarmente pelas outras unidades da federação.

No sistema atual de repartição de competências, destacam-se os arts. 21 e 22 como definidores das competências exclusivas e privativas da União, respectivamente. No art. 25 encontram-se as competências privativas dos Estados e, observe-se que, no §1º, está disposto que são reservadas aos Estados as competências que não lhes sejam vedadas pela Constituição. Os arts. 23 e 24, por sua vez, consagram, respectivamente, as competências comuns e concorrentes entre entes federativos. Há, ainda, a repartição de competências em matéria tributária, que, nos termos do art. 150 e seguintes, prefiguram uma forma específica de repartição de competências.

O parágrafo único do art. 22 permite à União, por meio de lei complementar, delegar competências aos Estados para legislar sobre matérias de competência privativa da União, hipótese que tem ocorrido de forma bastante escassa. Cite-se, como exemplo, a Lei Complementar nº 103, de 14 de julho de 2000, que "autoriza os Estados e o Distrito Federal a instituir o piso salarial a que se refere o inciso V, do art. 7º, da Constituição, por aplicação do disposto no parágrafo único do seu art. 22".[8] Cuida-se de simples faculdade do legislador complementar federal, que, explica Gilmar Ferreira Mendes, "[...] não poderá transferir a regulação integral de toda uma matéria da competência privativa da União, já que a delegação haverá de referir-se a questões específicas" (2008, p. 818).

Importante, também, destacar que a Constituição de 1988 inclui no desenho da federação os poderes locais, chegando mesmo a declarar

---

[8] Cf. BRASIL. Lei Complementar nº 103, de 14 de julho de 2000. Disponível em: <http://www.planalto.gov.br/ccivil_03/Leis/LCP/Lcp103.htm >. Acesso em: 25 jun. 2008.

o Município como integrante da federação, nos termos dos art. 1º e 18, conforme assinalado acima.

A propósito da inclusão do município como ente federativo, Dallari observa que:

> Um ponto que deve ser ressaltado é que a Constituição inclui o Município entre os entes que podem exercer as competências comuns, enumeradas no artigo 23, mas só se refere aos Estados quando admite a legislação suplementar. Como tem sido consenso na doutrina, o que existe aí é uma imperfeição da Constituição, pois obviamente o Município, exercendo as competências comuns, deverá legislar sobre a matéria em relação à qual for exercer concretamente a competência. Além disso, pelo artigo 30, inciso I, a Constituição dá competência ao Município para legislar sobre os assuntos de interesse local. Assim, pois, em se tratando de matéria não incluída na competência exclusiva da União e que tenha sido objeto de norma geral federal — ou mesmo estadual, se surgir a hipótese —, o município poderá legislar sobre aspectos específicos dessa mesma matéria, que, a par do interesse geral, sejam de interesse local. (DALLARI, 2006, p. 66)

Em que pese alguns juristas, como José Afonso da Silva (2009) e Luiz Pinto Ferreira (1995), argumentarem que os Municípios não integram a federação, é indiscutível que a posição que hoje ocupam restringiu o espaço de competências dos Estados, como resultado da própria tendência centralizadora que se estabeleceu a partir de 1930.[9]

O quadro descrito sucintamente acima tem limitado de forma importante a atuação dos Estados. Inicialmente, porque a competência residual prevista no artigo 25 — que é privativa dos Estados, uma vez que consiste nos poderes reservados e não vedados pela Constituição — é bastante restrita, na medida em que a Constituição é muito detalhista na definição do elenco de matérias sujeitas à atuação exclusiva ou

---

[9] A posição majoritária sustenta que os municípios gozam do *status* de integrantes da Federação, visto que, além de autônomos, contando com Executivo e Legislativo próprios, contam, também, com o poder de auto-organização, exercido por meio da edição de uma lei orgânica. Ademais, o artigo primeiro da Constituição em vigor afirma que a República Federativa do Brasil é formada pela união indissolúvel dos Estados, Municípios e do Distrito Federal. Os que ostentam posicionamento diverso sustentam que os municípios não participam das entidades criadas para formarem a vontade federal, em nosso caso, o Senado Federal. Não dispõem, além disso, de um Poder Judiciário próprio, como a União e os Estados-membros, e a intervenção nos municípios situados em Estado-membro está a cargo desse. Finalmente, a competência originária do STF para resolver conflitos entre as entidades que compõem a Federação não inclui as hipóteses em que o município compõe um dos polos da lide (MENDES; COELHO; BRANCO, 2009).

privativa da União, praticamente esgotando o rol de temas jurídicos de maior relevância. Por outro lado, ao reconhecer competências privativas para os Municípios, a Constituição acrescenta um novo elemento limitador para os Estados, pois esses já não têm mais espaço para determinar a organização dos poderes locais.

A atuação legislativa dos Estados hoje está em grande medida limitada às competências comuns e concorrentes, previstas nos arts. 23 e 24. O exercício de tais competências, entretanto, é também em grande medida determinado pela União. O parágrafo único do art. 23 estabelece que lei complementar federal definirá as formas de cooperação entre os entes da federação no exercício da competência comum, tendo em vista o equilíbrio do desenvolvimento e do bem-estar nacional. Por outro lado, o art. 24 especifica as matérias no âmbito da competência concorrente entre União, Estados e Distrito Federal e determina no seu §1º que compete à União editar normas gerais sobre estas matérias, normas estas que delimitam o campo de atuação dos Estados, mas que não excluem a competência suplementar destes Estados (§2º). Diante da inexistência de lei federal sobre normas gerais, os Estados exercerão a competência legislativa plena para atender suas peculiaridades (§3º). Ademais, está estabelecido que a superveniência de lei federal sobre normas gerais suspende a eficácia da lei estadual, no que lhe for contrária (§4º). Portanto, mesmo no âmbito da competência concorrente, que hoje compreende grande parte da atuação legislativa dos Estados, há um forte impacto das normas editadas pelo Congresso Nacional. Até porque, em caso de conflito entre os entes federativos, por ocasião do exercício de atribuições comuns, assinala Gilmar Ferreira Mendes, "[...] há de se cogitar do critério da preponderância de interesses, [...] em que os mais amplos (da União) devem preferir aos mais restritos (dos Estados) (2008, p. 820)".[10]

Diante disso, pode-se dizer que o desenho atual da repartição de competências reduz a importância dos legislativos estaduais, que acabam por ter sua atividade preponderantemente voltada para o controle da Administração Pública estadual, pouco atuando em relação à criação de direitos dos cidadãos ou às formas de exercício de

---

[10] Para corroborar essa assertiva, o autor cita decisão do Ministro do STF, Celso de Mello, na AC-MC/RR nº 1.255. DJ 22 jun. 2006, na qual ficou assentado o entendimento de que "concorrendo projetos da União Federal e do Estado-membro visando à instituição, em determinada área, de reserva extrativista, o conflito de atribuições será suscetível de resolução, caso inviável a colaboração entre tais pessoas políticas, pela aplicação do critério da preponderância do interesse, valendo referir que, ordinariamente, os interesses da União revestem-se de maior abrangência".

direitos fundamentais. Com efeito, a competência privativa dos Estados resume-se a algumas matérias expressamente discriminadas pela Constituição da República, como exploração de serviços de gás canalizado e instituição de regiões metropolitanas, e outras não explicitadas pelo legislador constituinte, como matérias orçamentárias, criação, extinção e fixação de cargos públicos estaduais, autorizações para alienação de imóveis, criação de secretarias estaduais, organização administrativa, judiciária e do Ministério Público, da Defensoria Pública e da Advocacia-Geral do Estado (MENDES *et al.*, 2008).[11]

A preponderância da União sobre os demais entes da federação, em especial os Estados-Membros é algo patente. O intuito de diminuir as competências da União, presente na Constituinte de 1988, não se concretizou, ao contrário, a atuação da União se ampliou, concentrando o planejamento nacional. Outro fator que influencia essa situação é o fato de toda competência legislativa gerar uma administrativa, não sendo, porém, a recíproca verdadeira. Ou seja, os Estados, muitas vezes, possuem competências materiais, mas não legislativas.

3.4 Traços institucionais gerais do período pós-Constituição de 1988

O modelo presidencialista, de cunho federativo, com sistema eleitoral proporcional de lista aberta e multipartidário, foi praticado, no Brasil, ao longo da República de 1945 e retomado a partir de 1988 com a instalação da nova ordem constitucional.

O presidente da República foi eleito por voto direto; no entanto, no pós-88 a legislação passou a prever a realização de segundo turno[12] sempre que nenhum dos candidatos à Presidência alcançar a maioria absoluta dos votos, não computados os brancos e nulos — instrumento introduzido com o objetivo de se construir maiorias eleitorais mais sólidas.

---

[11] Gilmar Ferreira Mendes destaca que "[...] a Constituição, no tocante a matéria tributária, enumerou explicitamente a competência dos Estados — art. 155. No aspecto tributário, é a União que detém competência, além de expressa, residual, permitindo-se-lhe a instituição de outros tributos, além dos enumerados para ela e para as outras pessoas políticas" (MENDES; COELHO; BRANCO, 2009, p. 869).

[12] Nesse caso concorrem ao segundo turno somente os dois candidatos mais votados no primeiro turno das eleições presidenciais e considera-se eleito aquele que obtiver a maioria dos votos válidos.
O instrumento do segundo turno é também válido para as eleições de governador e de prefeitos — nesse último caso, somente nas capitais dos Estados e nas cidades com mais de 200.000 eleitores.

O mandato do presidente e do vice-presidente a partir de 1988 passou a ser de quatro anos (artigo 82 da Constituição de 1988) — a única exceção à regra de quatro anos para o mandato presidencial durante o pós-85 foi a estipulado no artigo 4º do Ato das Disposições Transitórias da Constituição de 1988: cinco anos de governo para o então presidente da República, José Sarney.[13]

A permissão da reeleição para um único período subsequente para o cargo de presidente — ou para quem o houver sucedido ou substituído no curso do mandato —, concedida pela Emenda Constitucional nº 16 (art. 14, §5º), de 4 de junho de 1997, é uma novidade institucional do pós-88[14].

A Constituição brasileira consagra a federação[15] e o bicameralismo:[16] de um lado, a Câmara dos Deputados representando o povo e, de outro lado, o Senado representando a Federação. Cada uma das duas casas legislativas tem suas atribuições legais próprias, dentre elas a de atuar como espaço institucional revisor — se um projeto de lei originário de uma das Casas sofre modificações na outra, essas modificações podem ser revisadas e rejeitadas ou não pela primeira e, só a partir daí, o projeto vai à sanção presidencial.[17]

Adotando os critérios propostos por Arendt Lijphart e citados por Wanderley Guilherme dos Santos (1987) para avaliar o bicameralismo brasileiro, pode-se considerá-lo, de fato, como forte. O bicameralismo forte, lembra Santos, "[...] requer que as duas casas do Congresso sejam

---

[13] Deve-se ressaltar que José Sarney foi o último presidente a ser eleito indiretamente após o fim do Regime Militar de 1964. Como se recorda, Sarney era vice-presidente na chapa encabeçada por Tancredo Neves — que faleceu sem ter tomado posse na Presidência —, que se consagrou vencedora no Colégio Eleitoral em 1984.

[14] Essa permissão, como se sabe, é válida não só para presidente da República, mas também para governadores de Estado e Distrito Federal e prefeitos.

[15] A Constituição de 1988, como já se viu, define por meio do artigo 1º que a República Federativa do Brasil é formada pela união indissolúvel dos Estados e Municípios e do Distrito Federal. Em outros artigos da Constituição estão dispostos a organização, os poderes e o funcionamento da Federação.

[16] Quanto ao poder Legislativo, a Constituição de 1988 (art. 44) dispõe que: "O Poder Legislativo é exercido pelo Congresso Nacional, que se compõe da Câmara dos Deputados e do Senado Federal".
Em outros artigos do mesmo Capítulo II (Do Poder Legislativo), a Constituição detalha a composição e o funcionamento das duas câmaras legislativas.

[17] A título de ilustração desse tema veja-se o que dispõe o artigo 65 da Constituição Federal de 1988 em seu inteiro teor:
Art. 65 O projeto de lei aprovado por uma Casa será revisto pela outra, em um só turno de discussão e votação, e enviado à sanção ou promulgação, se a Casa revisora o aprovar, ou arquivado, se o rejeitar.
Parágrafo único. Sendo o projeto emendado, voltará à Casa iniciadora.

incongruentes quanto ao princípio de sua composição e simétricas, ou só moderadamente assimétricas, quanto aos poderes formais de que dispõem" (p. 35). O Congresso Nacional do pós-88 atende às duas condições. Em primeiro lugar, um bicameralismo incongruente porque a Câmara dos Deputados compõe-se de acordo com o princípio da representação proporcional, enquanto o Senado tem suas vagas preenchidas pelo princípio da eleição majoritária. Em segundo lugar, constitui-se em um bicameralismo simétrico porque ambas as Casas Legislativas detém o poder de veto mútuo e poder de rejeição de veto presidencial — como se verá adiante, na atual institucionalidade democrática o Legislativo teve esse poder de rejeição fortalecido, pois, para isso, é necessária maioria absoluta enquanto no período anterior era necessário o voto de 2/3 dos parlamentares.

Quanto ao federalismo, observa-se que o princípio da indissolubilidade do Estado Federal foi consagrado e atende a duas finalidades básicas não só na Constituição de 1988, mas em todas as constituições republicanas: a unidade nacional e a necessidade de descentralizar a administração pública (MORAES, 2011, p. 288). Contudo, a Constituição de 1988 é considerada inovadora ao dispor que a República Federativa do Brasil é formada pela indissolubilidade, tanto dos Estados e Distrito Federal, como previa a de 1946, como também dos Municípios. É inovadora, ademais, ao conceder maior autonomia aos Estados e, especialmente, aos Municípios.

A Constituição de 1988 preservou a tradicional tripartição de poderes, característica dos modernos Estados Democráticos de Direito, ao explicitar a independência e a harmonia entre si dos Poderes Legislativo, Executivo e Judiciário e ao estabelecer atribuições próprias, exclusivas e concorrentes para cada um deles. Tendo em vista o texto constitucional, ora o Executivo, por meio do presidente da República, dispôs de mais poderes, ora o Legislativo, por meio de suas duas Casas, teve fortalecidas suas prerrogativas.

Quanto ao Poder Legislativo, deve-se ressaltar que suas prerrogativas foram alteradas e sensivelmente ampliadas na atual ordem constitucional. Algumas dessas alterações ocorreram pela própria mudança na organização político-administrativa do Estado. Assim, por exemplo, o Legislativo passa a ter a atribuição de dispor sobre a organização administrativa e judiciária do Ministério Público e da Defensoria Pública da União. As atribuições do Legislativo foram ampliadas, especialmente, no âmbito de matérias de cunho financeiro, cambial e monetário — como ilustração cita-se o poder do Legislativo para examinar e alterar o orçamento da União, proposto pelo presidente.

Além disso, tem a prerrogativa de criar, estruturar e estabelecer as atribuições dos Ministérios e órgãos da administração pública. Ademais, foram ampliadas as atribuições exclusivas do Legislativo ao se prever que cabe a ele: zelar pela preservação de sua competência legislativa em face da atribuição normativa dos outros Poderes, apreciar os atos de concessão e renovação de concessão de emissoras de rádio e televisão, escolher dois terços dos membros do Tribunal de Contas da União, aprovar iniciativas do Poder Executivo referentes a atividades nucleares, autorizar referendo e convocar plebiscito, autorizar, em terras indígenas, a exploração e o aproveitamento de recursos hídricos e a pesquisa e a lavra de riquezas minerais e aprovar, previamente, a alienação ou concessão de terras públicas com área superior a dois mil e quinhentos hectares.

Na nova ordem constitucional no âmbito do Legislativo, saliente-se, as comissões permanentes das duas Casas foram fortalecidas, o que implicou as comissões passarem a se constituir em *locus* de decisões especializadas visando preservar um alto padrão de qualidade do trabalho legislativo, passarem a se constituir, também, em ponto de passagem obrigatório das diversas proposições legislativas e passarem, ainda, a contar com aparato técnico-legislativo de apoio de excelente qualidade. As comissões são a primeira instância deliberativa coletiva dos projetos e, como grande inovação da Constituição de 1988, podem aprovar medidas sob sua jurisdição em caráter terminativo — exceto se for aceito recurso contra a decisão. Por outro lado, é bem verdade que o poder do Colégio de Líderes pode solicitar urgência na tramitação de uma matéria legislativa e, com esse ato, esvazia-se em parte o poder das comissões previsto regimentalmente. Ao ser apreciado e aprovado esse pedido de urgência a proposição vai direto para o plenário. Caso a comissão ainda não tenha emitido seu parecer ela terá a oportunidade de fazê-lo, mas disporá de apenas duas sessões legislativas. Se a comissão não o emitir, o Presidente da Casa nomeia um relator de plenário que elaborará o parecer.

Saliente-se, como já se viu no capítulo anterior, que em março de 2009 o então Presidente da Câmara dos Deputados, Michel Temer, na perspectiva de fortalecer o papel do Poder Legislativo, encontrou uma alternativa para impedir que as medidas provisórias "trancassem" a pauta da Casa. O Presidente Temer, respondendo a uma questão de ordem do Deputado Régis de Oliveira (PSC/SP),[18] adotou uma nova

---

[18] Questão de Ordem nº 411. Autor: Deputado Régis Oliveira, Disponível em: <http://profes sormota.yolasite.com/resources/QO%20411-2009.pdf>. Acesso em: 02 jul. 2011.

interpretação do §6º do art. 62 da Constituição de 1988. Passou-se a considerar que a Câmara só está impedida de apreciar, nas sessões ordinárias, projetos de lei ordinária no momento em que a pauta de votações da Casa estiver trancada por medidas provisórias que tiverem seu prazo de apreciação vencido (45 dias). Nesse sentido, a Câmara estaria livre para apreciar matérias do processo legislativo distintas de proposta de leis ordinárias (cujo *status* equivale a de uma medida provisória), tais como as constantes de proposta de emenda constitucional, de lei complementar, de resolução e de decreto legislativo. Ademais, as medidas provisórias na condição apontada, isto é com prazo vencido para apreciação, não sobrestarão a pauta das sessões extraordinárias.

A decisão adotada pelo presidente da Câmara foi objeto de mandado de segurança impetrado por deputados líderes de partidos no Supremo Tribunal Federal que negou o pedido de liminar, como se viu anteriormente. De acordo com o relator do mandado de segurança, Ministro Celso de Mello, a decisão de Temer "[...] teria, aparentemente, a virtude de fazer instaurar, no âmbito da Câmara dos Deputados, verdadeira práxis libertadora do desempenho da função primária que, histórica e institucionalmente, sempre lhe pertenceu: a função de legislar".[19]

A seguir, extrato da decisão do Ministro Celso de Mello, indeferindo pedido de medida cautelar do Mandado de Segurança: *in verbis*:

> Na realidade, a expansão do poder presidencial, em tema de desempenho da função (anômala) de legislar, além de viabilizar a possibilidade de uma preocupante ingerência do Chefe do Poder Executivo da União no tratamento unilateral de questões, que, historicamente, sempre pertenceram à esfera de atuação institucional dos corpos legislativos, introduz fator de desequilíbrio sistêmico que atinge, afeta e desconsidera a essência da ordem democrática, cujos fundamentos — apoiados em razões de garantia política e de segurança jurídica dos cidadãos — conferem justificação teórica ao princípio da reserva de Parlamento e ao postulado da separação de poderes.
>
> [...]
>
> A interpretação dada pelo Senhor Presidente da Câmara dos Deputados ao §6º do art. 62 da Constituição da República, ao contrário, apoiada em estrita construção de ordem jurídica, cujos fundamentos repousam no postulado da separação de poderes, teria, aparentemente, a virtude

---

[19] STF. Mandado de Segurança nº 27.931. Relator Celso de Mello. Disponível em: <http://www.stf.jus.br/arquivo/cms/noticiaNoticiaStf/anexo/MS27_931CM.pdf.>. Acesso em: 02 jul. 2011.

de fazer instaurar, no âmbito da Câmara dos Deputados, verdadeira práxis libertadora do desempenho, por essa Casa do Congresso Nacional, da função primária que, histórica e institucionalmente, sempre lhe pertenceu: a função de legislar.

É por isso que o exame das razões expostas pelo Senhor Presidente da Câmara dos Deputados, na decisão em causa, leva-me a ter por descaracterizada, ao menos em juízo de sumária cognição, a plausibilidade jurídica da pretensão mandamental ora deduzida nesta sede processual. A deliberação emanada do Senhor Presidente da Câmara dos Deputados parece representar um sinal muito expressivo de reação institucional do Parlamento a uma situação de fato que se vem perpetuando no tempo e que culmina por frustrar o exercício, pelas Casas do Congresso Nacional, da função típica que lhes é inerente, qual seja, a função de legislar.

A construção jurídica formulada pelo Senhor Presidente da Câmara dos Deputados, além de propiciar o regular desenvolvimento dos trabalhos legislativos no Congresso Nacional, parece demonstrar reverência ao texto constitucional, pois — reconhecendo a subsistência do bloqueio da pauta daquela Casa legislativa quanto às proposições normativas que veiculem matéria passível de regulação por medidas provisórias (não compreendidas, unicamente, aquelas abrangidas pela cláusula de pré-exclusão inscrita no art. 62, §1º, da Constituição, na redação dada pela EC nº 32/2001) — preserva, íntegro, o poder ordinário de legislar atribuído ao Parlamento.

Mais do que isso, a decisão em causa teria a virtude de devolver, à Câmara dos Deputados, o poder de agenda, que representa prerrogativa institucional das mais relevantes, capaz de permitir, a essa Casa do Parlamento brasileiro, o poder de selecionar e de apreciar, de modo inteiramente autônomo, as matérias que considere revestidas de importância política, social, cultural, econômica e jurídica para a vida do País, o que ensejará — na visão e na perspectiva do Poder Legislativo (e não nas do Presidente da República) — a formulação e a concretização, pela instância parlamentar, de uma pauta temática própria, sem prejuízo da observância do bloqueio procedimental a que se refere o §6º do art. 62 da Constituição, considerada, quanto a essa obstrução ritual, a interpretação que lhe deu o Senhor Presidente da Câmara dos Deputados.[20] (Mandado de Segurança nº 27.931, Relator Celso de Mello, STF)

A interpretação dada pelo Presidente Temer, na verdade, não é totalmente nova, uma vez que o Presidente do Congresso tem adotado desde 2001 essa interpretação quando os vetos do Presidente da

---

[20] STF. Mandado de Segurança nº 27.931. Relator Celso de Mello. Disponível em: <http://www.stf.jus.br/arquivo/cms/noticiaNoticiaStf/anexo/MS27_931CM.pdf>. Acesso em: 02 jul. 2011.

República sobrestariam ("trancariam") a pauta das sessões ordinárias conjuntas da Câmara dos Deputados e do Senado Federal, isto é das sessões ordinárias do Congresso Nacional.

3.5 A relação entre os poderes Executivo e Legislativo e a produção legislativa

Observa-se que o padrão estabelecido na relação entre o Executivo e o Legislativo a partir de 1988 sofreu importante alteração. Essa alteração está baseada na ampliação do poder de agenda do presidente,[21] na sua capacidade de intervir no processo legislativo, o que gerou impactos importantes no comportamento dos partidos e dos deputados considerados individualmente, ampliando o potencial de apoio legislativo ao Executivo[22] (SANTOS, 1997).

Para Otávio Amorim Neto "[...] as Constituições presidencialistas oferecem aos chefes de Executivo duas estratégias básicas: eles podem perseguir seus objetivos programáticos através de projetos de lei ou através de prerrogativas do Executivo" (AMORIM NETO, 2006, p. 39). Essas prerrogativas do presidente seriam práticas constitucionais e paraconstitucionais que lhes permitiriam "[...] atuarem de forma unilateral *vis-à-vis* o Poder Legislativo" (AMORIM NETO, 2006, p. 39).

Sobre o peculiar arranjo que o Brasil moldou ao seu sistema político, Sérgio Abranches pondera que:

> O Brasil é o único país que, além de combinar a proporcionalidade, o multipartidarismo e o "presidencialismo imperial", organiza o Executivo com base em grandes coalizões. A esse traço peculiar da institucionalidade concreta brasileira chamarei, à falta de melhor nome, "presidencialismo de coalizão". (ABRANCHES, 1988, p. 21-22)

---

[21] Poder de agenda aqui é entendido, de um modo geral, como a capacidade de iniciativa política, como a capacidade de incluir na agenda política alternativas que correspondam às preferências dos atores.

[22] Durante os anos de 1945 a 1964, o principal recurso utilizado para se obter apoio, de acordo com Fabiano Santos (1997), foi a patronagem (patronagem é aqui entendida como o mecanismo por meio do qual o presidente da República dispõe de importantes recursos, especialmente cargos federais, utilizados como moeda de troca na busca de apoio parlamentar). De um lado, trazia apoio de parlamentares que não compunham a coalizão governante, de outro lado, gerava constrangimentos no interior dos partidos aliados. Somado a isso o Legislativo tinha prerrogativas decisórias previstas na Constituição e, assim, pode-se dizer, conforme Santos, que a agenda política da época era uma agenda compartilhada.

A atual ordem constitucional delega poderes legislativos consideráveis ao presidente da República: leis de iniciativa exclusiva, competências privativas, pedido de urgência para exame de seus projetos de lei, edição de medidas provisórias em casos de relevância e urgência com força de lei até serem apreciadas pelo Congresso Nacional, além do poder de sanção e veto. Diante disso, e dado o apoio disciplinado de sua base parlamentar, a agenda política tem contornos de uma agenda imposta (SANTOS, 1997). Um presidente dotado desse leque de poderes legislativos é capaz de ditar a agenda de trabalhos legislativos e, assim, induzir os parlamentares à cooperação (FIGUEIREDO; LIMONGI, 1999).

O presidente do pós-88 teve seus poderes ampliados. Não obstante, saliente-se, esses poderes foram delegados pelo próprio Poder Legislativo. Assim como o Congresso Nacional concedeu poderes, ele dispõe da atribuição de alterá-los ou retirá-los se a conveniência e o arranjo políticos prevalecentes assim o indicarem.

A esse propósito, Pessanha pondera que:

> Apesar de a nova Constituição ter fortalecido o Poder Legislativo, a iniciativa exclusiva do presidente da República foi mantida na maioria dos assuntos importantes, e também se manteve a proibição de emendas tendentes à alteração da despesa prevista, que considero a razão fundamental para a mudança do padrão de iniciativa da elaboração legal (PESSANHA, 2002, p. 171).

A partir da nova realidade constitucional de 1988 o presidente teve sua atuação legislativa ampliada, pois além da iniciativa exclusiva nas leis que fixem ou modifiquem os efetivos das Forças Armadas já prevista no período anterior, passou a ter esse direito, também, em leis relacionadas à criação de cargos, funções ou empregos públicos na administração direta e autárquica ou aumento de sua remuneração, organização administrativa e judiciária, matéria tributária e orçamentária, serviços públicos e pessoal da administração dos Territórios, servidores públicos da União e Territórios; organização do Ministério Público, Defensoria Pública da União, bem como normas gerais para a organização do Ministério Público e da defensoria Pública dos estados, do Distrito Federal e dos Territórios e criação, estruturação e atribuições dos Ministérios e órgãos da administração pública e demais ministérios (art. 61, §1º).

No âmbito das atribuições privativas da Presidência da República, a Constituição de 1988 manteve as já previstas pela Constituição de

1946 e concedeu outras: nomear, após aprovação pelo Senado Federal, os Ministros do Supremo Tribunal Federal e dos Tribunais Superiores, os Governadores de Territórios, o Procurador-Geral da República, o presidente e os diretores do Banco Central e outros servidores, quando determinado em lei; nomear os Ministros do Tribunal de Contas da União; nomear os magistrados, nos casos previstos na Constituição, e o Advogado-Geral da União; nomear membros do Conselho da República e convocar e presidir o Conselho da República e o Conselho de Defesa Nacional.

Um modo especial de intervenção do Executivo na elaboração de leis é a sanção que, para alguns (CLÈVE, 2000, p. 111) é tomada no sentido positivo e no sentido negativo (veto). Ambos os institutos "[...] são atos legislativos de competência exclusiva do Presidente da República" (SILVA, 2009, p. 529) e só se aplicam a projetos de lei de matéria de competência do Congresso Nacional constantes do art. 48 da Constituição. A sanção significa que o Chefe do Poder Executivo adere ao projeto de lei aprovado no âmbito do Legislativo e constitui, para Clève, requisito de aperfeiçoamento da lei, isso é, "[...] a lei nasce com a sanção" (CLÈVE, 2000, p. 113).

A Constituição de 1988, também, permitiu ao presidente, a exemplo da de 1946, vetar os projetos de lei. Veto, de acordo com Silva, "[...] é o modo de o Chefe do Executivo exprimir sua discordância com o projeto aprovado, por entendê-lo inconstitucional ou contrário a interesse público" (SILVA, 2009, p. 528). O veto poderá ser total, se atingir todo o conteúdo da proposição ou parcial, se atingir parte — parte é entendida como texto integral de artigo, parágrafo, inciso ou alínea e não palavra ou grupo de palavras.

Contudo, diferentemente da Constituição de 1946, para que o Congresso Nacional rejeite o veto presidencial é necessário obter os votos da maioria absoluta dos deputados e senadores em escrutínio secreto (art. 66),[23] o que facilitou o processo de rejeição do veto[24] — aspecto que contraria a tendência predominante de maior poder ao presidente da República na condução do processo legislativo durante o segundo período democrático.

---

[23] O art. 66, em termos de conteúdo normativo, tem duas diferenças básicas em relação ao artigo 70 da CR de 1946 que regulava o mesmo assunto. Além da diferença quanto ao *quorum* necessário para rejeição do veto — o voto de dois terços dos deputados e senadores presentes à sessão —, o presidente na República de 1946 tinha o prazo de dez dias para examinar uma proposição de lei e vetá-la ou não, enquanto a partir da nova ordem constitucional de 1988, passou a ter quinze dias.

[24] É importante destacar que, apesar dessa regra facilitar regimentalmente a rejeição de vetos presidenciais, não há registro de rejeições no pós-88.

O poder de veto permite ao presidente defender o *status quo*, reagindo à tentativa dos congressistas em mudá-lo. A Constituição permite ao presidente tanto vetar integralmente proposições legislativas como vetar partes localizadas dessas proposições: o presidente pode promulgar os artigos da proposição com os quais concorda e retornar ao Congresso para reconsideração somente as partes vetadas. Analisando o uso do instituto do veto parcial em diversas democracias Mathew S. Shugart e John M. Carey observam que:

> [...] embora seja tecnicamente um poder negativo, o veto parcial permite ao presidente dissecar a legislação e criar pacotes finais que são mais aceitáveis ao Executivo [...] como resultado o poder presidencial se torna mais flexível e mais potente do que seria somente com o veto total. (SHUGART; CAREY apud PEREIRA; MUELLER, 2000, p. 47)

Ademais, no pós-88, o presidente passou a contar com a possibilidade do pedido de urgência[25] para a apreciação dos seus projetos de lei. Como observam Cintra e Lacombe, "[...] regimentalmente, urgência implica dispensa de exigências, interstícios ou algumas formalidades regimentais" (CINTRA; LACOMBE, 2007, p. 153). Esses projetos devem ser apreciados pela Câmara e pelo Senado num prazo máximo de quarenta e cinco dias. Contudo, se as duas Casas não se manifestarem nesse período de tempo o projeto entra na ordem do dia, sobrestando-se a deliberação quanto aos demais assuntos da pauta, para que se ultime a votação (§§1º e 2º do art. 66). O dispositivo do pedido de urgência "[...] impede que minorias possam, por seu controle de *veto points*, 'engavetar' as propostas presidenciais" (FIGUEIREDO; LIMONGI, 1999, p. 25).

O pedido de urgência para exame de uma proposição legislativa do Executivo — dispositivo inexistente na Constituição de 1946 — ao iniciar sua tramitação no Congresso impõe o prazo de apenas duas sessões para que a comissão designada possa examinar e votar essa proposição antes de enviá-la ao plenário. Para Pereira e Mueller, "[n]a prática este prazo é muito curto e as comissões dificilmente conseguem examinar e se posicionar em relação a uma proposta que tenha recebido um pedido de urgência" (PEREIRA; MUELLER, 2000, p. 48).

---

[25] O pedido de urgência, durante o período recente, pode ser formulado, além de pelo presidente da República, por: a) dois terços da Mesa Diretora; b) um terço dos membros do plenário ou líderes que representem este número; e, c) dois terços dos membros da comissão relevante. Observe-se, também, que há a possibilidade de se apresentar o pedido de urgência urgentíssima, o que significa que uma matéria pode ser incluída automaticamente na ordem do dia de sessão em andamento, desde que conte com o apoio da maioria absoluta dos deputados ou das lideranças partidárias.

Com respeito às alterações constitucionais que reforçaram o papel do Chefe do Executivo na elaboração de leis, Raul Machado Horta assevera que:

> Formas redutoras da intensidade legislativa do Parlamento igualmente se situam nas técnicas contemporâneas que privilegiam a iniciativa do Poder Executivo, mediante os procedimentos abreviados e de urgência, ou ainda no controle da deliberação legislativa através da fixação da ordem do dia das Câmaras. (HORTA, 1994, p. 158)

No pós-88 o presidente dispõe, também, do recurso à medida provisória (art. 62 e art. 84, inc. XXVI, da Constituição), cuja edição tem força de lei e vigência imediata, como já se viu.

Esse quadro de poderes legislativos presidenciais em um e outro momento implicou relações distintas entre o Executivo e o Legislativo e identifica-se uma maior capacidade do Executivo do pós-88 ter sua agenda aprovada do que o do período 1946-64 (SANTOS, 1997). Assim, observa Fabiano Santos:

> Se, hoje em dia, é possível afirmar que o comportamento das bancadas partidárias é razoavelmente coeso e disciplinado, o mesmo não pode ser dito sobre os partidos daquele período. Se, hoje em dia, a agenda do legislativo é basicamente formulada pelo Executivo, entre 1946-64 observa-se a emergência de uma agenda compartilhada entre o Legislativo e o Executivo. (SANTOS, 1997, p. 479)

Um dado novo nos anos pós-Constituinte de 1988 refere-se aos amplos poderes concedidos pelos regimentos internos da Câmara dos Deputados e do Senado Federal aos líderes partidários para agirem em nome dos interesses de seus partidos. Os regimentos consagram um padrão decisório centralizado onde o que conta são os partidos políticos e identifica-se alta disciplina partidária (FIGUEIREDO; LIMONGI, 1999). As regras internas da Câmara garantem aos líderes dos partidos na Mesa Diretora dos trabalhos e no Colégio de Líderes um importante papel na condução do processo legislativo e na definição do sistema de comissões — os líderes definem com a Mesa a pauta das reuniões, indicam os membros das comissões, têm *status* e tempo privilegiado de intervenção no plenário, encaminham votações, dentre outras prerrogativas.

Portanto, os líderes partidários, além, naturalmente, dos presidentes da Câmara e do Senado, são atores relevantes do sistema político e têm um papel fundamental para a condução da pauta de discussões que interessam ao governo e isso tem a ver tanto com a aprovação de projetos legislativos do interesse do governo — encaminhados ou não por esse último —, quanto com a delegação de competências aprovada pelo próprio Legislativo — a exemplo da ampliação de poderes do presidente, em particular por meio do instituto da medida provisória. Do mesmo modo que o Congresso, por meio da nova Constituição de 88, delegou poderes, ele pode retirá-los ou até mesmo restringi-los — o que tenta fazer ao discutir, em várias ocasiões, limites às medidas provisórias.

A literatura especializada aponta que, no período atual, o presidente pode esperar dos deputados um comportamento que segue a tendência majoritária do partido. O governo sabe com quem conta e quantos votos tem nas diversas circunstâncias em que precisa da base aliada. Quadro distinto foi o dominante no período anterior: a incerteza marcou a relação entre o presidente e a Câmara e era patente um grau reduzido de disciplina das bancadas dos principais partidos — diante disso o presidente buscava o apoio de parlamentares de partidos de oposição para assegurar a aprovação de medidas que lhe interessavam.

Além disso, de acordo com Santos, pode-se afirmar que, "[...] diferentemente do período recente, [...] o Legislativo brasileiro, no período 1946-64 demonstra razoável capacidade de transformar a agenda do Executivo, a ponto de contrariar frequentemente as preferências presidenciais" (SANTOS, 1997, p. 481).

Os dados obtidos por Santos sobre a origem das leis aprovadas indicam que no período de 1945 a 1964 57,2% foram de iniciativa do Legislativo contra 42,8% do Executivo. Já nos anos de 1988 a 1994 o quadro é inverso: 84,9% originaram-se no Executivo e apenas 15,1% no Legislativo. Essas informações indicam que o padrão de relacionamento entre os dois poderes passou por mudanças substantivas (SANTOS, 1997).

Considerando os dados de Santos (1997) e de Figueiredo & Limongi (1999; 2007) pode-se afirmar com segurança que a produção legislativa brasileira no pós-88 tem como característica uma grande capacidade do Executivo em propor e aprovar leis. Ademais, os parlamentares votam de forma disciplinada, acompanhando a orientação dos líderes partidários e os governos obtêm maiorias parlamentares de apoio às suas iniciativas.

José Álvaro Moisés (2011), também observa que o país tem um sistema político bastante singular que confere aos presidentes poderes especiais nas relações entre o Executivo e o Legislativo. Uma das conclusões do estudo aponta que:

A análise dos dados sobre o desempenho do parlamento entre 1995 e 2006, quando o país foi governado por dois presidentes caracterizados por seu protagonismo reformista (nas esferas econômica e social), indica que as condições para a realização das funções específicas do parlamento são limitadas: o Congresso Nacional tem um índice muito baixo de produção legislativa, os seus projetos são mais alterados ou vetados do que aqueles do executivo e, além de demorarem tempo excessivo para serem considerados e aprovados — prejudicando a relação entre representantes e representados —, muitas das atuais proposições parlamentares estão bloqueadas, isto é, deixadas de fora da pauta de tramitação congressual, enquanto a atuação positiva do parlamento está voltada principalmente para proposições simbólicas, pouco efetivas em termo s de políticas públicas, e praticamente nulas no que se refere às funções de fiscalização e controle do executivo. (MOISÉS, 2011, p. 52-53)

Em trabalho mais recente, Figueiredo e Limongi afirmam que:

A dominância e o sucesso do Executivo sobre a agenda legislativa é um a conseqüência da estrutura institucional. Por isso não varia com o tamanho da bancada do partido do presidente ou de suas qualidades como negociador. Todos os presidentes do período atual tiveram taxas de sucesso e dominância maiores que os presidentes do período anterior. Além, disso, o período atual mostra um padrão muito mais estável de sucesso governamental no tocante à aprovação de lei. (FIGUEIREDO; LIMONGI, 2007, p. 156)

A tabela, a seguir, apresenta a produção legislativa nos dois períodos democráticos entre 1945-1964 e no pós-1988, considerando o partido do presidente e a coalizão de governo na Câmara dos Deputados, o sucesso do Executivo e a chamada dominância do Executivo por governo e por período (FIGUEIREDO; LIMONGI, 2007, p. 157).

TABELA 1
Legislação ordinária
Produção legislativa por governo 1949-1964 e 1988-2007*

Governo	Partido do presidente na Câmara dos Deputados (% de cadeiras)	Coalizão de governo na Câmara dos Deputados (% de cadeiras)	Sucesso do Executivo ** (%)	Dominância do Executivo *** (%)
Dutra	52,8	74,0	30,0	34,5
Vargas	16,8	88,0	45,9	42,8
Café Filho	7,9	84,0	10,0	41,0
Nereu Ramos	33,9	66,0	9,8	39,2
Kubitscheck	33,9	66,0	29,0	35,0
Quadros	2,1	93,0	0,80	48,4
Goulart	23,5	72,0	19,4	40,8
Subtotal	**24,3**	**77,1**	**29,5**	**38,5**
Sarney	40,61	58,59	73,83	76,65
Color	5,05	33,79	65,93	75,43
Franco	0,00	57,28	76,14	91,57
Cardoso I	9,36	71,62	78,72	84,40
Cardoso II	18,32	67,87	74,38	81,57
Lula I	11,11	59,52	81,47	89,88
Subtotal	**14,07**	**58,11**	**75,08**	**83,25**

Fonte: FIGUEIREDO; LIMONGI, 2007, p. 157.

Observações:

* De acordo com os autores, os três primeiros anos da administração do presidente Dutra (1946-1948) não estão computados por não se dispor de informação sobre a origem das leis. Além disso, o primeiro período vai até 31 de março de 1964, e o segundo, até 31 de janeiro de 2007.

** Sucesso do Executivo refere-se à porcentagem de projetos de lei do Executivo apresentados e sancionados durante o próprio governo.

*** Dominância do Executivo refere-se à porcentagem de leis de iniciativa do Executivo.

Sem dúvida alguma, examinando esses dados não há como negar que a obtenção desses índices por parte do Executivo no pós-1988 é uma demonstração de que o governo tem controle da agenda do Legislativo. O presidente da República propõe continuamente alterações no quadro normativo e alcança sucesso com isso. Isso quer dizer que, do ponto de vista da iniciativa legislativa, o Executivo é um autor de destaque e da transformação de proposição em lei também. Pode-se dizer, de acordo com Figueiredo e Limongi, que "[...] do ponto de vista legal, o que muda no país muda por iniciativa do Executivo" (2007, p. 158).

No período do pós-1988, pode-se dizer que a taxa geral de sucesso — isto é, a porcentagem de projetos do Executivo apresentados e sancionados durante o seu governo — é de 75,08% e que só o governo Collor (1989-1992), por contar com sucesso de 65,93%, esteve abaixo dessa média. Além disso, se examinarmos a situação pelo indicador de dominância do Executivo na produção de leis, no pós-1988 o governo foi responsável por 83,25% das leis aprovadas.[26]

A partir dos dados anteriormente apresentados (SANTOS, 1997; FIGUEIREDO, 1999; FIGUEIREDO; LIMONGI, 2007) pode-se, em síntese, afirmar que, após a Constituição de 1988:

- O Presidente da República tem destacados poderes legislativos.
- O Chefe do Poder Executivo no Brasil é o principal legislador.
- O arranjo institucional no âmbito do Legislativo, com o apoio dos líderes de partidos, permite que parte das proposições do Executivo tramite em regime de urgência.
- Há cooperação do Legislativo para aprovar as matérias de interesse do Executivo, sendo que os partidos políticos e seus líderes são atores decisivos nesse processo.
- Existe forte disciplina partidária dos parlamentares.
- O apoio político ao governo é similar ao existente em sistemas parlamentaristas com governos multipartidários.

Considerações finais

Como se viu, a elaboração de normas jurídicas está disciplinada nos artigos 59 a 69 da Constituição da República de 1988, destacando-se em especial o que está compreendido no chamado processo legislativo. Isto é, a elaboração normativa compreende as emendas à Constituição, as leis complementares, ordinárias e delegadas, as medidas provisórias, os decretos legislativos e as resoluções.

---

[26] Em estudo recente em que examinam os determinantes do sucesso legislativo presidencial na América Latina, Montero e Sáez concluem que: "Em suma, o cenário que aumenta o sucesso legislativo do presidente é caracterizado por um desenho institucional, definido pelas regras do Congresso e da Constituição, que favorece sua influência, uma ampla maioria legislativa, um parlamento formado por poucos partidos políticos e com baixo grau de polarização ideológica entre eles, e um momento, em termos de ciclo eleitoral, em que o presidente tenha acabado de assumir seu mandato" (MONTERO; SÁEZ, 2009, p. 186).

Observou-se que pode ser identificado na literatura especializada certo consenso no sentido da delegação de alguma autoridade ao Executivo por parte do Legislativo. A questão é qual delegação, se *a priori* ou *a posteriori* e em que condições.

Identificou-se como a Constituição da República organiza o Estado federal e como reparte as competências entre os entes federativos — União, Estados, Distrito Federal e Municípios. A Constituição, por meio dos arts. 21 a 25, estabelece competências exclusivas e privativas, comuns e concorrentes entre os entes e norteadas pelo princípio geral da predominância do interesse e, ainda, há a competência legislativa e a material. Percebeu-se a preponderância da União sobre os demais entes, em especial sobre os Estados, que praticamente conta com a chamada competência residual (art. 25), sem falar que, dados os limites constitucionais, os legislativos estaduais têm atuado marcantemente pelo controle da Administração Pública.

O presidencialismo federativo, com sistema eleitoral proporcional de lista aberta e multipartidário e o bicameralismo legislativo presente no período democrático de 1945 a 1964, reinaugurou o novo período democrático do pós-Constituição de 1988. Outro traço institucional importante foi a tradicional tripartição dos poderes Executivo, Legislativo e Judiciário. Mas, se de um lado o Executivo dispôs de mais poderes, de outro o Legislativo teve suas prerrogativas fortalecidas.

Destacou-se que o Executivo na sua relação com o Legislativo passou a contar com considerável poder de agenda, com forte capacidade de intervir no processo legislativo, seja pela delegação de poderes legislativos (leis de iniciativa exclusiva, competências privativas, pedido de urgência para apreciação de seus projetos de lei, edição de medidas provisórias e poder de veto), seja pela capacidade de mobilizar apoio legislativo, valendo-se inclusive de dispositivos do próprio Legislativo (como o Colégio de Líderes e a disciplina partidária). Dadas as características constitucionais e regimentais do Legislativo, o Executivo destaca-se pela sua capacidade propositiva ao quadro normativo e obtém sucesso nas suas proposições. É o ator político que altera as normas legais no país e com o apoio e aval do Legislativo.

Referências

ABRANCHES, Sérgio Henrique. O presidencialismo de coalizão: o dilema institucional brasileiro. *Dados*, n. 31, v. 1, p. 5-33, 1988.

AMORIM NETO, Otávio. *Presidencialismo e governabilidade nas Américas*. Rio de Janeiro: Ed. FGV; Konrad Adenauer Stiftung, 2006.

ARAÚJO, Suely M. V. G. de. A distribuição de competências governamentais em relação a meio ambiente. Disponível em: <http://www.camaradosdeputados.gov.br/portal/arquivos/Camara/internet/publicacoes/estnottec/tema14/2005_2327.pdf>. Acesso em: 29 jul. 2008.

AVELAR, Lúcia; CINTRA, Antônio Octávio (Org.). *Sistema político brasileiro*: uma introdução. 2. ed. Rio de Janeiro: Konrad-Adenauer-Stiftung; São Paulo: UNESP, 2007.

BARACHO JÚNIOR, José Alfredo de Oliveira. A competência concorrente no Brasil. *In*: GALUPPO, Marcelo Campos (Org.). *O Brasil que queremos*: reflexões sobre o Estado Democrático de Direito. Belo Horizonte: Ed. PUC Minas, 2007. p. 271-280.

BULOS, Uadi Lamego. *Curso de direito constitucional*. 5. ed. rev. e atual. De acordo com a Emenda Constitucional nº 64/2010. São Paulo: Saraiva, 2010.

CANOTILHO, José Joaquim Gomes. *Direito constitucional e teoria da Constituição*. Coimbra: Almedia, 1998.

CARVALHO NETTO, Menelick de. *A sanção no procedimento legislativo*. Belo Horizonte: Del Rey, 1992.

CHIESA, Clélio. *Medidas provisórias*: o regime jurídico constitucional. Curitiba: Juruá, 1996.

CINTRA, Antônio Octávio; LACOMBE, Marcelo Barroso. A câmara dos deputados na Nova República: a visão da Ciência Política. *In*: AVELAR, Lúcia; CINTRA, Antônio Octávio (Org.). *Sistema político brasileiro*: uma introdução. 2. ed. Rio de Janeiro: Konrad-Adenauer-Stiftung; São Paulo: UNESP, 2007. p. 143-182.

CLÈVE, Clèmerson Merlin. *Atividade legislativa do Poder Executivo*. 2. ed. rev. atual. ampl. São Paulo: Revista dos Tribunais, 2000.

DALLARI, Dalmo de Abreu. Normas gerais sobre saúde: cabimento e limitações. *In*: BRASIL. Ministério da Saúde. Secretaria de Vigilância Sanitária. *Programa nacional de combate à dengue*: amparo legal à execução das ações de campo: imóveis fechados, abandonados ou com acesso não permitido pelo morador. 2. ed. Brasília: Ministério da Saúde, 2006. p. 61-82. Disponível em: <http://www.saude.caop.mp.pr.gov.br/arquivos/File/dengue/dengue_amparo_legal_web.pdf>. Acesso em: 11 out. 2011.

FERREIRA FILHO, Manoel Gonçalves. *Do processo legislativo*. 6. ed. rev. e atual. 2. tiragem. São Paulo: Saraiva, 2007.

FERREIRA, Luiz Pinto. *Curso de direito constitucional*. 7. ed. ampl. e atual. São Paulo: Saraiva, 1995.

FIGUEIREDO, Angelina Cheibub. *Executivo e Legislativo na nova ordem constitucional*. Rio de Janeiro: Ed. FGV, 1999.

FIGUEIREDO, Angelina Cheibub; LIMONGI, Fernando. Instituições políticas e governabilidade: desempenho do governo e apoio legislativo na democracia brasileira. *In*: MELO, Carlos Ranulfo; SÁEZ, Manuel Alcántara. *A democracia brasileira*: balanço e perspectivas para o século 21. Belo horizonte: Ed. UFMG, 2007. p. 147-198.

HORTA, Raul Machado. O processo legislativo nas constituições federais brasileiras. *Revista de Informação Legislativa*, Brasília, ano 26, n. 101, p. 5-28, jan./mar. 1989.

HORTA, Raul Machado. Poder Legislativo e monopólio da lei no mundo contemporâneo. *Revista de Informação Legislativa*, Brasília, ano 31, n. 123, jul./set., p. 149-158, 1994.

INÁCIO, Magda; RENNÓ, Lúcio. *Legislativo brasileiro em perspectiva comparada*. Belo Horizonte: Ed. UFMG, 2009.

MARTINS, Ives Gandra da Silva. Medidas provisórias e o direito tributário. *Repertorio IOB de Jurisprudência – Tributário e Constitucional*, São Paulo, n. 19, p 323-322, out. 1990.

MENDES, Gilmar Ferreira; COELHO, Inocêncio Mártires; BRANCO, Paulo Gustavo Gonet. *Curso de direito constitucional*. 4. ed. rev. e atual. São Paulo: Saraiva, 2009.

MOISÉS, José Álvaro (Org.). *O papel do Congresso Nacional no presidencialismo de coalizão*. Rio de Janeiro: Konrad Adenauer Stiftung, 2011.

MONTERO, Mercedes García; SÁEZ, Manuel Alcántara. Os determinantes do sucesso legislativo presidencial na América latina. *In*: INÁCIO, Magda; RENNÓ, Lúcio. *Legislativo brasileiro em perspectiva comparada*. Belo Horizonte: Ed. UFMG, 2009. p. 157-206.

MONTESQUIEU. *Do espírito das leis*. São Paulo: Abril Cultural, 1979. (Os Pensadores).

MORAES, Alexandre de. *Direito constitucional*. 27. ed. rev. e atual. São Paulo: Atlas, 2011.

PEREIRA, André Ricardo. Sob a ótica da delegação. *In*: SANTOS, Fabiano (Org.). *O Poder Legislativo nos Estados*: diversidade e convergência. Rio de Janeiro: Ed. FGV, 2001. p. 247-288.

PEREIRA, Carlos; MUELLER, Bernardo. Uma teoria da preponderância do Poder Executivo: o sistema de comissões no Legislativo brasileiro. *Revista Brasileira de Ciências Sociais*, São Paulo, v. 15, n. 43, p. 45-68, 2000.

PESSANHA, Charles. O Poder Executivo e o processo legislativo nas constituições brasileiras: teoria e prática. *In*: VIANNA, Luiz Werneck (Org.). *A democracia e os três poderes no Brasil*. Belo Horizonte: Ed. UFMG; Rio de Janeiro: IUPERJ/FAPERJ, 2002. p. 141-194.

SANTOS, Brasilino Pereira dos. *As medidas provisória no Direito comparado e no Brasil*. São Paulo: LTr, 1993.

SANTOS, Fabiano. Patronagem e poder de agenda na política brasileira. *Dados*, v. 40, n. 3, p. 465-491, 1997.

SHUGART, Mathew; CAREY, John. *Presidents and assemblies*: constitucional design and electoral dynamics. Cambridge: Cambridge University Press, 1992.

SILVA, José Afonso da. *Curso de direito constitucional positivo*. 32. ed. rev. e atual. até a Emenda Constitucional n. 57, de 18.12.2008. São Paulo: Melhoramentos, 2009.

SILVA, José Afonso da. *Formação das leis*. 2. ed. 2. tiragem. São Paulo: Malheiros. 2007.

VELOSO, Carlos Mário da Silva. Delegação legislativa: a legislação por associações. *RDP*, São Paulo, n. 92, out./dez. 1989.

Informação bibliográfica deste texto, conforme a NBR 6023:2002 da Associação Brasileira de Normas Técnicas (ABNT):

LIMA, Eduardo Martins de; CARNEIRO, Matheus Faria. O processo legislativo e as relações entre Executivo e Legislativo no Brasil. *In*: BARACHO JÚNIOR, José Alfredo (Coord.). *Medidas Provisórias no Brasil*: origem, evolução e perspectivas. Belo Horizonte: Fórum, 2013. p. 101-137. ISBN 978-85-7700-798-1.

CONSIDERAÇÕES FINAIS

JOSÉ ALFREDO BARACHO JÚNIOR

EDUARDO MARTINS DE LIMA

O presente trabalho partiu da identificação da existência de um consenso na doutrina em torno da tese de que o Poder Legislativo, mesmo no contexto democrático, tradicionalmente concede algum tipo de delegação de autoridade ao Chefe do Executivo, seja a liberdade desse ator na produção e apresentação de proposições legislativas, seja nas condições especiais de apreciação e deliberação de matérias submetidas ao Legislativo.

O interesse específico na investigação foi o de tratar do ato normativo no Brasil que tem força de lei a partir da edição pelo Chefe do Executivo: a medida provisória – ato normativo primário excepcional que exige, para ser editada, a existência dos pressupostos de relevância e urgência.

O tema central do trabalho, as medidas provisórias no Brasil, considerando o quadro normativo, o processo de edição e tramitação e o controle jurisdicional, foi desenvolvido em três capítulos.

No *primeiro capítulo* abordou-se o principio da separação dos poderes do Estado. Identificou-se na análise que o pressuposto do Estado Democrático de Direito é a existência de três poderes independentes e harmônicos, quais sejam: o Poder Legislativo, o Poder Judiciário e o Poder Executivo.

A tese da separação de poderes, consagrada na obra de Montesquieu (1979), como se viu, nasceu do anseio de limitar o poder político como princípio fundamental da organização política liberal.

A maioria das democracias modernas adota o modelo tripartite de poder. Entretanto, o número de poderes diverge de acordo com a história e a Constituição de cada Estado.

Em meados do século XVIII, os políticos teóricos e pragmáticos da revolução norte-americana absorveram as sementes do ideário político racionalista da França. Os Federalistas — James Madison, Thomas Jefferson, George Washington, Alexander Hamilton e John Adams — sustentaram a necessidade de transferência do poder das mãos de uma pessoa, ou um órgão, a três Poderes. Apostavam em uma eficaz fiscalização do poder pelo poder, resguardando o próprio Estado dos efeitos maléficos de uma tirania. O controle de um poder pelo outro, ou mistura dos poderes, é essencial para que não se instaure a tirania. Denominou-se esse sistema de *checks and balances* — "freios e contrapesos".

No que concerne ao Poder Judiciário, os federalistas abordaram uma importante questão, qual seja, o direito que têm os tribunais de declarar a nulidade de atos legislativos, por serem contrários à Constituição.

A atuação legislativa do Poder Executivo no processo constituinte foi outro tema que se abordou no primeiro capítulo.

Analisou-se, nesse capítulo, também as constituições brasileiras sob a ótica da separação de poderes. Como garantia da perpetuidade do Estado Democrático de Direito, a Constituição da República Federativa do Brasil de 1988, como se observou, consagrou em seu artigo 2º a tese da separação dos poderes e dos "freios e contrapesos", ao afirmar que "são Poderes da União, independentes e harmônicos entre si, o Legislativo, o Executivo e o Judiciário". E isso quer dizer que o princípio da independência dos Poderes do Estado só pode ser entendido e adequadamente aplicado em absoluta concordância com a harmonia entre esses poderes.

Claro está que o poder político, como se viu, é uno, indivisível, indelegável; no entanto, comporta várias funções com vistas à realização de suas tarefas. A Constituição brasileira de 1988 adotou o critério de divisão funcional dos poderes, que consiste em distinguir três funções estatais: legislação, administração e jurisdição, que, por sua vez, são atribuídas a três órgãos autônomos entre si.

Destaque-se que, sob a égide da Constituição de 1988, o Poder Judiciário, por meio de medidas processuais constitucionais, poderá interferir, quando provocado, nas ações do Estado. Sem embargo, o Poder Judiciário está comprometido com o alcance dos objetivos fundamentais da República.

No *segundo* *capítulo* buscou-se reconstituir a gênese, a natureza jurídica e a evolução da medida provisória no país, bem como identificar e analisar a postura do Supremo Tribunal Federal e do Congresso Nacional frente à edição de medida provisória pelo Chefe do Executivo.

O Constituinte de 1988 adotou a medida provisória como instrumento excepcional face aos mecanismos ordinários do processo legislativo, condicionando o exercício da competência presidencial para sua edição aos pressupostos de relevância e urgência (CR, art. 62, *caput*), e limitando, assim, sua utilização a casos absolutamente graves, imprevisíveis e que demandem imediato enfrentamento por parte do Poder Executivo Federal. Contudo, o que se constatou é que o Presidente da República exorbita seu poder de legislar, usando e abusando da edição de medidas provisórias.

Com efeito, é com base nessa conexão que se chegou ao entendimento de que o Supremo Tribunal Federal, mesmo sendo legitimado a exercer a jurisdição constitucional, permite que espécies normativas inconstitucionais, editadas pelo Poder Executivo, sem que as mesmas cumpram os requisitos constitucionais, integrem o ordenamento jurídico.

Tais espécies tornam-se válidas com a aquiescência do Poder Legislativo que aprovaram sua conversão em lei e, mediante a inércia do Poder Judiciário, que — quando provocado — não se manifesta efetivamente acerca da questão. Aqui, verifica-se um flagrante desrespeito, por parte dos três Poderes instituídos, para com o processo legislativo. O que, de fato, afeta a democracia tão pregada na Constituição de 1988.

A chamada doutrina de "questões políticas", insuscetíveis de serem analisadas pelo Poder Judiciário, acompanha de longa data o Supremo Tribunal Federal. Nesse sentido, o Supremo empregava a doutrina de impossibilidade de apreciação de "questões políticas", recorrentemente para evitar apreciação de inconstitucionalidade em decretos-leis em governos anteriores ao advento da Constituição de 1988.

Na decisão da Medida Cautelar proferida nos autos da ADIN nº 162-1, cujo relator foi o Ministro Moreira Alves, conforme salientou-se, pela primeira vez o Supremo Tribunal Federal manifestou-se contrário ao uso indiscriminado de medidas provisórias, e reconheceu a necessidade de limitar a atuação legiferante do Chefe do Poder Executivo. Surge, então, a doutrina do "abuso de poder", ou seja, é possível o controle jurisdicional da medida provisória nas situações em que houver elementos objetivos inequívocos que evidenciem a ausência de relevância ou de urgência no caso concreto, configurando excesso ou abuso do poder de legislar.

O Supremo Tribunal Federal, Corte Suprema, se mostrou ineficaz quanto à fiscalização e ao exercício do controle de edições de medidas provisórias pelo Chefe do Poder Executivo, principalmente em matérias que não satisfaçam os requisitos constitucionais.

Diante do exposto e debatido, pode-se concluir que não há que se falar em Estado Democrático de Direito sem que haja de fato o exercício pleno da jurisdição constitucional.

O Supremo Tribunal Federal tem deixado de exercer seu mister constitucional de guardião da Constituição, que quando provocado, se esquiva de se pronunciar quanto à validade das normas excepcionais, integrantes do ordenamento jurídico.

Têm-se aqui dois problemas crônicos. Um deles refere-se ao fato de o Supremo enquanto órgão do Poder Judiciário. Assim, a eventual omissão do Supremo Tribunal Federal implicaria lesão à tripartição dos Poderes e ao sistema de "freios e contrapesos" (art. 2º CR/88) e ao monopólio de jurisdição (art. 5º, XXXV, CR/88).

O segundo tangencia o fato de ser o Supremo Tribunal Federal o órgão de cúpula a quem compete o exercício da jurisdição constitucional. Nesse caso, abster-se de fazê-lo equivaleria a abrir mão de exercer função precípua da jurisdição constitucional, qual seja: harmonizar direito e política, a fim de garantir estabilidade e eficácia à Constituição.

No *terceiro capítulo* focalizou-se a análise no processo legislativo e nas relações entre o Executivo e o Legislativo no Brasil, identificando-se quem são os atores políticos principais no contexto constitucional normativo, quem se destaca como o principal legislador e quais são as bases da relação entre os poderes Executivo e Legislativo brasileiros.

No Brasil, a Constituição de 1988, por meio do art. 59, passou a incluir a medida provisória como parte do processo legislativo, diferente da lei delegada em que o presidente deve solicitar delegação ao Congresso Nacional e só poderá utilizar observando os limites impostos pelo Legislativo.

O aspecto principal do capítulo foi a percepção de que após a Constituição de 1988 houve mudança significativa na relação entre os Poderes Executivo e Legislativo. A base dessa alteração estaria na ampliação do poder de agenda do Presidente da República. O Presidente, nesse contexto constitucional, conta com a possibilidade de iniciativa exclusiva legislativa em determinadas matérias, com competências privativas, de solicitação de urgência em seus projetos de lei, de edição de medida provisória e de sanção e veto em proposições legislativas encaminhadas pelo Congresso.

Ademais, o Presidente, a partir da posição de destaque dos líderes partidários e do novo arranjo regimental do Legislativo, pode contar com a disciplina partidária e, portanto, com o apoio da base aliada em projetos de seu interesse, como se viu.

O Presidente da República, pela sua capacidade propositiva no processo de elaboração normativa e diante do sucesso alcançado nessas proposições, pode-se dizer, é o legislador de destaque.

ANEXOS

ANEXO A

PARECER SAULO RAMOS (SR-92), CONSULTOR-GERAL DA REPÚBLICA, DE 21.06.1989[1]

PROCESSO: 00400.000013/89-35.

CONSULTA: Medida provisória instituída pelo artigo 62 da Constituição.

EMENTA: Inspirado no artigo 77 da Constituição italiana, o texto constitucional brasileiro terá necessariamente de buscar exegese no direito, na doutrina e na experiência parlamentar da Itália. Provimento de urgência e o caráter de medida cautelar legislativa. O processo de conversão em lei. Emendabilidade deste e não daquela. Reenvio à sanção do projeto de conversão aprovado. Efeitos da rejeição ficta ou da rejeição expressa. Possibilidade de reedição se permanecerem os pressupostos de relevância e urgência. A perda de eficácia *ex nunc* e a forma de disciplinar as relações jurídicas daí decorrentes. Vigência do texto alterado pelo projeto de conversão, retroatividade expressa e continuidade normativa. O exíguo prazo de eficácia de trinta dias prejudica o trabalho do Congresso. Necessidade de lei complementar para disciplinar o processo de conversão.

---

[1] RAMOS, J. Saulo. *Medidas provisórias*, Parecer nº SR-92, de 21.06.89, da Consultoria-Geral da República. Brasília: *Diário Oficial da União*, 23.06.89, IOB, nº 9, 1989.

Parecer nº SR-92

Recebi do Senhor Presidente da República a seguinte consulta: "Solicito de V. Exa. parecer sobre medida provisória, instituída pelo artigo 62 da Constituição, com estudo completo de direito comparado, processo de conversão, efeito *ex tunc* das respectivas rejeições e efeitos das eventuais alterações de texto quando convertida em lei. Há urgência".

Passo a responder;

1. *A nova* Constituição brasileira, ao dispor sobre o processo de formação das leis, contemplou as *medidas provisórias*, cuja disciplina — inspirada no texto constitucional italiano — veio a fixar no artigo 62, *verbis*:

> "Em caso de relevância e urgência, o Presidente da República poderá adotar medidas provisórias, com força de lei, devendo submetê-las de imediato ao Congresso Nacional, que, estando em recesso, será convocado extraordinariamente para se reunir no prazo de cinco dias.
> Parágrafo único. As medidas provisórias perderão eficácia, desde a edição, se não forem convertidas em lei no prazo de trinta dias, a partir de sua publicação, devendo o Congresso Nacional disciplinar as relações jurídicas delas decorrentes."

MODELO JURÍDICO ITALIANO

2. O modelo constitucional italiano e toda a doutrina que em torno dele se construiu tornam-se, agora, em face de seu indiscutível caráter matricial, uma fonte de permanente e necessária atenção do intérprete que busca a exegese do texto constitucional brasileiro sobre as medidas provisórias,

A Carta peninsular assim regulou a material

> "Art. 77. Il Governo non puo, senza delegazione delle Camere, emanare decreti che abbiano valore di legge ordinaria.
> Quando, in casi straordinari di necessità e d'urgenza, il Governo adotta sotto la sua responsabilità, provvedimenti provisori con forza di legge, deve il giorno stesso presentarli per la conversione alle Camere che, anche se sciolle, sono appositamente convocate e si riuniscono entro cinque giorni.
> I decreii perdono efficacia sin dall'inizio, se non sono convertiti in legge entro sessartta giorni dali a loro pubbli-cazione. Le Camere possono tuttavia regolare con legge i rapporti giuridici sorti sulla base dei decreti non convertiti."

ANEXO A

3. O eminente Vicente Rao, meu querido Mestre, em clássica obra (*As delegações legislativas no parlamentarismo e no presidencialismo*. São Paulo: Max Limonad, 1966. v. 1) analisou a figura do decreto-lei no ordenamento constitucional italiano, tecendo considerações de grande relevância sobre esse instituto:

"...A denominação 'decretos-leis' sempre foi usada, na Itália, não no sentido genérico de *legislação governamental*, nem no sentido de *legislação delegada*, mas apenas para designar os atos normativos, com força de lei, expedidos pelo governo sem prévia autorização parlamentar, sujeitos, porém, a serem *ratificados* ou convertidos em leis pelas câmaras. São os decretos-leis, pois, atos governamentais e excepcionais, de conteúdo legal, que só adquirem eficácia definitiva quando os órgãos legislativos, normais os convertem em leis. Seus pressupostos são mais rigorosos do que os reclamados para as leis delegadas, pois a Constituição só e unicamente admite sua prática em casos, extraordinários de necessidade e urgência." (p. 180).

"O pressuposto da extraordinariedade indica, por antítese, que os *decretos-leis* não devem constituir atos de administração ordinária; a necessidade significa a indeclinabilidade das medidas visadas para a realização de um programa governamental de atendimento de interesses públicos que essas medidas reclamem com urgência; e urgência é esta que se não confunde com a do art. 72, relativa ao processo simplificado que as câmaras podem adotar em certos casos, mas se aproxima, mais, do conceito de premência.

O governo deve apresentar às câmaras o decreto-lei no mesmo dia em que o emitir, ou aos respectivos presidentes se as câmaras não estiverem em sessão. Neste último caso, três hipóteses podem ocorrer: – ou as câmaras na ocasião se abrem e passam, sem mais ao exame desse ato governamental, ou estão em férias e são especialmente convocadas, ou se acham dissolvidas e, mesmo neste caso, procede-se à sua convocação imediata, sempre que se reunirem dentro do prazo de cinco dias (cit. art. 77 e V. Carullo: *loc. cit.*, p. 253).

Bem se advertiu, durante os trabalhos da constituinte, que "a intervenção e a convocação especial das câmaras são um freio bastante sensível para os governos, os quais, assim sendo, quando expedirem um decreto-lei, saberão que devem apresentar-se ao parlamento a fim de enfrentar o juízo de responsabilidade implícito no ato de conversão e que nada impede se torne explícito se o decreto-lei não for justificado, ou se for inspirado por critérios antiliberais ou antidemocráticos. (...) Trata-se, na verdade, de um freio formidável, mas não único, pois se os decretos--leis não forem convertidos em lei dentro de sessenta dias contados de sua apresentação às câmaras, perderão sua eficácia, o que revela seu caráter provisório" (*ibid*).

"São realmente provisórios os efeitos dos decretos-leis, são, isto é, condicionados à verificação do evento de sua conversão em lei, A não verificação desse evento importará, por si só, a perda *ex tunc* da eficácia de tais atos, ou seja a perda de sua eficácia desde o seu início..." (p. 183-184).

ESTADO DE EMERGÊNCIA LEGISLATIVA NA REPÚBLICA FEDERAL DA ALEMANHA

4. Jayme Poggi de Figueiredo Filho, em dissertação apresentada à Faculdade de Direito da Universidade Federal do Rio de Janeiro, versando "O decreto-lei na Constituição Brasileira", 1985, p. 81/82, refere-se ao sistema instituído pela Lei Fundamental de Bonn, de 23.5.49, que prevê, em situações de urgência, a possibilidade de declaração, pelo Presidente, do *Estado de Emergência Legislativa*:

"Por fim, deveremos citar, ainda que a medida não se denomine decreto-lei, a hipótese em que o Presidente da República assume uma atuação legislativa *sui generis*, quando, por solicitação do Governo Federal e com o consentimento do Conselho Federal, decreta o Estado de Emergência Legislativa, com as providências decorrentes, tudo nos termos do art. 81 da Lei Fundamental germânica ocidental:

'Artigo 81.

(Estado de Emergência Legislativa)

(1) Se, no caso do artigo 68, o Parlamento Federal não for dissolvido, o Presidente Federal poderá, quando solicitado pelo Governo Federal, e com o consentimento do Conselho Federal, declarar o Estado de Emergência Legislativa para um projeto de lei rejeitado pelo Parlamento Federal, apesar de haver sido declarado urgente pelo Governo Federal. O mesmo se aplica no caso de um projeto de lei que tenha sido rejeitado, apesar dê o Chanceler Federal o ter tornado dependente da moção de confiança referida no artigo 68.

(2) Se, depois de declarado o Estado de Emergência Legislativa, o Parlamento Federal rejeitar novamente o projeto de lei ou aprovar numa versão considerada inaceitável pelo Governo Federal, o projeto de lei torna-se lei, desde que o Conselho Federal o aprove. O mesmo se aplica no caso de o projeto não ser votado pelo Parlamento Federal, dentro de quatro semanas depois de ser proposto de novo.'

....

Como se observa, no art. 81, está, inclusive, prevista em seu item 2, *in fine*, a modalidade da aprovação por decurso de prazo, se o projeto de governo reapresentado (após haver sido rejeitado ou modificado de forma contrária ao pensamento do Governo), não for votado pelo Parlamento Federal quatro semanas a partir daquela sua reapresentação."

5. ESPANHA

A experiência espanhola distingue-se da italiana e, por isto, pouco subsídio pode nos fornecer, pela diferença do texto constitucional. No artigo 86 da Constituição da Espanha (1978), há autorização para o Governo editar "disposiciones legislativas provisionales que tomarán la forma de Decretos-leyes..." Embora se identifique sempre com o sentido cautelar nos casos de "extraordinária y urgente necesidad" o direito espanhol estabelece prazo de trinta dias para a deliberação do "Congreso de los Diputados", mas não dispõe sobre as conseqüências da inobservância de prazo, o que permite, naquele país, a vigência do decreto-lei até o pronunciamento do Legislativo.

6. FRANÇA

A Constituição da França, promulgada em 1958 e acrescida das modificações resultantes das leis constitucionais de 1960, 1962, 1963, 1974 e 1976, também, admite legislação extraordinária ("ordonnances") emanada do Poder Executivo sob condição de temporária delegação legislativa, que estabelecerá o prazo para a apresentação ao Congresso dos respectivos decretos-leis, que caducarão se o prazo não for cumprido (artigo 38).

Há, ainda, no direito constitucional francês, regra especial e particularíssima sobre os projetos de lei que tratem de matéria, financeira (artigo 47). Se o Parlamento não se pronunciar no prazo de setenta dias, o Executivo fica automaticamente autorizado a aplicar disposições do projeto através de decreto-lei.

7. PORTUGAL

A Constituição portuguesa, que acaba de ser reformada, também admite legislação extraordinária baixada pelo Poder Executivo, sem prévia audiência dos órgãos estatais (artigo 115. artigo 201, nº 1, a, nº 2). Há necessidade de aprovação do Conselho de Ministros e, na edição, o decreto-lei deve conter a assinatura, do Primeiro-Ministro e do Ministro competente em razão da matéria,

Tem o Parlamento (Assembléia da República), algumas restrições no poder de apreciação dos decretos-leis, pois a Constituição, (artigo 165, c) autoriza-o a recusar ratificação ou a promover alterações "salvo os feitos no exercício da competência legislativa exclusiva do Governo...", regra constitucional que afasta a apreciação parlamentar em muitas questões de relevo.

8. OUTROS PAÍSES

De menor experiência em direito constitucional, outros países adotaram decreto-lei em suas Constituições, mas não fornecem grande auxílio para os estudos comparados, posto que divergem substancialmente da nossa medida provisória, praticamente copiada do direito italiano.

É o caso da Nicarágua, cuja Constituição permite ao Presidente da República a edição de decreto-lei sem audiência dos órgãos estatais (artigo 150, nº 4 e nº 7).

A Constituição cubana admite o decreto-lei sobre todas as matérias. Para editá-lo, dá competência ao Conselho de Estado (artigo 88, C), cabendo à Assembléia Nacional do Poder Popular revogá-lo total ou parcialmente. O modelo foi extraído da Polônia, Bulgária e Tchecoslováquia. Outros países, como a Romênia e a Hungria, somente admitem emendas se a norma do decreto lei for considerada, contrária à Constituição.

PODER CAUTELAR GERAL DO PRESIDENTE DA REPÚBLICA

9. No Brasil, as medidas provisórias, que resultam do exercício, pelo Presidente da República, de *competência constitucional extraordinária*, representam a expressão concreta do poder cautelar geral deferido ao Chefe do Poder Executivo da União.

10. O que justifica a edição de medidas provisórias, com força de lei, em nosso direito constitucional, é a existência de um estado de necessidade que impõe ao Poder Público a adoção imediata de providências, de caráter legislativo, inalcançáveis segundo as regras ordinárias de legiferação, em face do próprio *periculum in mora* que fatalmente decorreria do atraso na concretização da prestação legislativa. Tanto que Paolo Biscaretti Di Ruffia (ver *Diritto Costituzionale*. 2ª ed. Napoli: Eugênio Jovene, 1949. v. 1, p, 622-623, n. 257), invocando o magistério de Santi Romano, qualifica, para esse efeito, a situação de necessidade como

"... una vera e propria fonte non scritta del diritto, in grado d'investire, nelle singole factispecie, gli organi governativi dell'opportuna potestà legislativa (secondo la diffusa affermazione che la necessità non ha legge, ma fa legge...".

Daí existirem, no plano do direito constitucional comparado, mecanismos que se destinam a *agilizar* o processo de produção normativa.

11. A investidura constitucional, na pessoa do Presidente da República, desse poder de *cautela*, representa um meio juridicamente idôneo de impedir, de um lado, na esfera das atividades normativas estatais, a consumação do *periculum in mora*, e, de outro, tornar possível a útil e eficaz prestação legislativa pelo Estado.

12. O que legitima o Presidente da República a antecipar-se, *cautelarmente*, ao processo legislativo, editando as medidas provisórias, é o fundado receio, por ele exteriorizado, de que o retardamento da prestação legislativa cause grave lesão, de difícil reparação, ao interesse público.

GARANTIAS CONTRA O EXERCÍCIO ABUSIVO

13. É inquestionável que as medidas provisórias constituem, no plano da organização do Estado e na esfera das relações institucionais entre os Poderes Executivo e Legislativo, um instrumento de uso excepcional. Afinal, a emanação desses atos pelo Presidente da República configura momentânea derrogação ao princípio constitucional da separação dos poderes.

14. Para prevenir eventuais abusos ou práticas arbitrárias, a nossa Constituição estabeleceu *garantias explícitas* de controle da atividade presidencial, que se resumem a quatro pontos essenciais: (a) convocação extraordinária do Congresso, quando em recesso, *(b)* imediata, apresentarão, pelo Executivo, da medida provisória ao Congresso, visando a sua conversão em lei, (c) perda de eficácia *ex tunc* do ato não convertido em lei c *(d)* possibilidade de controle jurisdicional de constitucionalidade da medida, mediante exercício da jurisdição concentrada ou difusa.

15. O que se pretende evitar, em suma, é que o exercício *indiscriminado* dessa excepcional competência do Poder Executivo se converta numa prática legiferante ordinária.

PRESSUPOSTOS CONSTITUCIONAIS DA MEDIDA PROVISÓRIA

16. Os pressupostos constitucionais legitimadores dessa verdadeira ação cautelar legislativa *relevância* da matéria e *urgência* na sua positivação — submetem-se ao juízo político e à avaliação discricionária do Presidente da República, sendo, por isso mesmo, completamente infensos à apreciação judicial.

17. O Chefe do Executivo da União concretiza, na emanação das medidas provisórias, um *direito potestativo*, cujo exercício presentes razões de urgência e relevância só a ele compete avaliar. Sem prejuízo, obviamente, de igual competência *a posteriori* do Poder Legislativo, vedada interferência valorativa dos Tribunais.

Esse *poder cautelar geral* constitucionalmente deferido ao Presidente da República reveste-se de natureza política e de caráter discricionário É ele, o Chefe de Estado, o árbitro *inicial* da conveniência, necessidade, utilidade e oportunidade de seu exercício.

VEDAÇÃO DE CONTROLE JUDICIAL QUANTO AOS PRESSUPOSTOS: PRONUNCIAMENTOS DO STF

18. O Egrégio Supremo Tribunal Federal, quando chamado a decidir questão idêntica relativa aos pressupostos deflagradores da edição de decretos-leis, foi categórico em seus pronunciamentos no sentido do texto:

"Decreto-lei no regime da Constituição de 1967.
1. A apreciação dos casos de *urgência* ou de *interesse público relevante*, a que se refere o art. 58 da Constituição de 1967, assume caráter político e está entregue ao discricionarismo dos juízos de oportunidade ou de valor do Presidente da República, ressalvada apreciação contrária e também discricionária do Congresso..." (ver *RTJ*, v. 44/45).

"...Os pressupostos de urgência e relevante interesse público escapam ao controle do Poder Judiciário..." (ver *RTJ*, v. 62/819).

"... A urgência e o interesse público relevante são aspectos políticos entregues ao discricionarismo (e não ao arbítrio) do Presidente da República e do Congresso Nacional" (ver *RDA*, v. 125/89).

CONTEÚDO MATERIAL

19. As medidas provisórias configuram espécie normativa, de natureza infraconstitucional, dotadas de força e eficácia legais. Não se confundem, porém, com a lei, embora transitoriamente se achem investidas de igual autoridade. A cláusula *com força de lei* empresta às medidas provisórias o sentido de equivalência constitucional com as leis em seu duplo sentido: formal e material.

20. Traduzem, essas medidas, *antecipação cautelar*, de caráter provisório e necessário, de providências materialmente legislativas. Podem incursionar, tematicamente, em *qualquer* área sujeita ao domínio normativo da lei. Onde esta puder incidir, aí também atuarão, *satisfeitos os* pressupostos *constitucionais*, as medidas provisórias. Numa palavra: *ubi lex, ibi cautela.*

    Outro aspecto relevante, que concerne aos limites conteudísticos desse ato com eficácia de lei, refere-se à matéria penal. Para Emílio Crosa (ver *Corso di Diritto Costituzionale*: parte II. Torino: Grappichelli Edit., 1950. p. 260), a jurisprudência italiana, *"aderendo ad una tesi, da noi avanzata, sostenne che l'applicazione di essi doveva essere differita sino alla conversione in legge del decreto stesso".*

INEFICÁCIA DERROGATÓRIA DA MEDIDA PROVISÓRIA

21. A medida provisória, enquanto *equivalente constitucional* da *lei*, possui vigência e eficácia imediatas, sem que disso decorra, no entanto, a revogação dos atos legislativos com ela incompatíveis. Por dispor de *eficácia temporal limitada* (trinta dias), enquanto não se der a conversão, em lei da medida provisória, esta somente paralisará os efeitos das leis a ela anteriores e com ela conflitantes, inibindo-os completamente em seu conteúdo eficacial Não se operando, porém, a conversão legislativa, restaurar-se-á a eficácia jurídica, até então meramente suspensa, dos diplomas afetados pela edição do ato normativo provisório. Essa restauração de eficácia — inconfundível com o instituto da repristinação — enfatize-se, será *ex tunc*. Portanto, desde a data de edição da medida provisória não convertida.

    Só após a conversão da medida provisória em lei é que se consumará a revogação dos atos legislativos com ela incompatíveis. Até que isso ocorra, nenhum será o seu efeito derrogatório.

PROCEDIMENTO DE CONVERSÃO
E DE RATIFICAÇÃO

22. Conseqüência *necessária* da edição de medida provisória é a apresentação ao Congresso Nacional, para sua *ratificação* ou *conversão em lei*. Trata-se de providência constitucionalmente vinculante que impõe a formalização, pelo Poder Legislativo, quando não a ratificar diretamente, de projeto de lei que vise à conversão da medida provisória em ato legislativo definitivo e permanente. A medida provisória acha-se constitucionalmente vocacionada à sua transformação em lei, ainda que mediante simples ratificação. Quando o texto diz *"se não forem convertidas em lei"* está prevendo, é claro, um procedimento de transformação em lei, que deve obedecer, em regime *de* urgência urgentíssima, aos pressupostos do projeto de lei, ressalvados os casos de ratificação direta, de que tratarei mais adiante.

23. O *procedimento de conversão* tem no projeto de lei, o instrumento de sua realização. É por ele que se concretiza a determinação constitucional de transformação da medida provisória em lei.

A disciplina ritual do procedimento de conversão há de ser estabelecida em sede regimental, observados, porém, de modo indeclinável, os princípios e os prazos constitucionais do processo legislativo. E estes, para o caso da medida provisória brasileira, são lamentavelmente exíguos, o que prejudica a qualidade, dos trabalhos parlamentares.

Posta a questão nestes termos, torna-se simples a resolução de um problema que se tornara verdadeira *crux* para os intérpretes da Constituição.

Igual entendimento tem Manoel Gonçalves Ferreira Filho:

> "Como se prevê uma 'conversão em lei' das medidas provisórias, aplicam-se ao caso, *mutatis mutandis*, as regras de processo legislativo previstas para a elaboração da lei. Isto quer dizer, inclusive, que deverá ser o projeto, depois de aprovado no Congresso, submetido à sanção presidencial. Nesta oportunidade, como é óbvio, poderá ocorrer o veto (não se olvide a possibilidade de emendas), aplicando-se à apreciação de tal veto o que a esse respeito prevê a Constituição (art. 66, especialmente §§ 4º, 5º e 6º). Não haja surpresa no fato de que caiba veto com relação a um ato normativo provindo do Presidente da Republica, que é o titular do poder de veto; isto tranqüilamente ocorre em relação a projetos de lei, de iniciativa do Presidente da República, que, uma vez aprovados pelo Congresso Nacional, são submetidos ao próprio Presidente para a sanção ou o veto" (Em *Repertório IOB de Jurisprudência*, p. 88, mar. 1989).

EMENDABILIDADE DO PROJETO DE CONVERSÃO

24. Refiro-me ao tema da *emendabilidade* em sede de conversão. Afaste-se, desde logo, a equivocada opinião de que as medidas provisórias admitem, ou não, emendas parlamentares. O enfoque não é e nem pode ser esse.

25. Com efeito, editada a medida provisória, cabe submeter ao Congresso Nacional *projeto* de *lei* que objetive a sua conversão em lei, para assim, *in forma legis*, incorporá-la, definitivamente, ao plano de nosso direito positivo interno.

Objeto das emendas será, sempre, o projeto de lei de conversão, que admitirá qualquer tipo de emenda regimentalmente previsto, inclusive as de caráter aditivo, modificativo ou supressivo. Somente não haverá emendas quando o Congresso decidir, em razão da matéria e da urgência, pela ratificação direta.

Aprovado o projeto de conversão, que sofrer emenda no Congresso Nacional, deverá ele ser submetido ao poder de sanção ou de veto do Presidente da República, uma vez que lhe são extensíveis os princípios que regem o processo de formação das leis.

A plena sujeição do projeto de conversão ao *potere di rinvio* do Presidente da República é reconhecida, sem maiores disceptações, pela doutrina italiana. O magistério de Giovanni Grottanelli De'Santi (ver *Commentario Della Costituzione La Formazione delle Leggi*. Bologna: Nicola Zanichelli, 1985. t. I, p. 203-204), é inequívoco a respeito dessa possibilidade jurídico constitucional, *verbis*:

> "Per quanto riguarda il caso delle leggi di conversione dei decreti legge non sembra che il potere di rinvio incontri limitationi di ordine costituzionale. La ragione di fondo, nel senso delia esclusione, viene sostanzialmente indicara nel la difficoltà che il rinvio possa aver luogo nei sessanta giorni «massimi» di vita dei decreto legge e nella esigenza della restaurazione del sistema delle competenze tra Governo e Camere (...). Le difficoltà di ordine temporale sono facilmente rilevabili (...). Cio che dimostra, senza che in nessun modo si possa indicare una regola nella eccezione, come incontestabili difficoltà di tempo non possano giustificare in assoluto la esclusione del potere di rinvio.."

26. Não se pode ignorar, neste passo, que o exercício do poder de emenda, que se defere aos parlamentares, constitui, quando concretamente manifestado, um dos incidentes do processo de formação das espécies normativas. A função de emendar é inerente à atividade legislativa. Em conseqüência, as limitações a esse poder hão de ser

necessariamente constitucionais. A faculdade de emendar as proposições legislativas é um consectário natural do poder de legislar.

27. A Constituição do Brasil enunciou, de modo taxativo, em *numerus clausus*, as únicas restrições ao poder de emenda dos congressistas (ver artigos 63 e 166, §§ 3º nº II, e 4º, p. exemplo). *A norma constitucional brasileira não vedou*, o oferecimento de emendas ao projeto de lei de conversão. Essa circunstância, por si só relevante, torna *intocável* o princípio geral de emendabilidade das proposições legislativas. Não podemos mais raciocinar com o velho decreto-lei da Constituição passada, porque não era ele emendável por expressa proibição do texto constitucional (artigo 58, parágrafo único da Constituição de 1967, e artigo 55, § 1º, da EC nº 1, de 1969). Sem vedação expressa, prevalece o princípio geral da emendabilidade.

28. Esse entendimento tem sido placitado pela doutrina constitucional da Itália, e pela praxe legislativa do Parlamento daquele país, consoante assinala Vittorio Di Ciolo (ver *Questioni in tema di Décret-Legge*: Parte Prima Milano: Giuffre, 1970. p. 359-360):

> "Nessun ostacolo di ordíne lógico e giuridiço si oppome dunque all'ementabilità dei decreti-legge. Tali conclusioni sono dei resto abbondamente confortate dalla prassí republicana che ha conosciuto numerosi casi in cui, senza contrasti, i decreti-legge sono stati convertiti con modifícazioni, anche di notevole portata.
>
> ....
>
> Fatta questa precisazione, ricordiamo che non solo i parlamentari, ma anche il Governo puo presentare emendamenti al decreto-legge da convertire. Generalmente pero il Governo si limita ad esprimere il suo parere favorevole o contrario agli emendamenti presentati dai vari parlamentari. Il Governo dispone infatti, in pratica, di un potere indiretto di emendamento, che si esplica mediante la presentazione di emendamenti da parte di qualche parlamentare della maggioranza».

Mostra-se idêntico o magistério de Lívio Paladin (ver *Comentario della Costituzione*: la Kortnazione delle leggi. Bologna: Nicola Zaniehelti. t. II, p. 76-77, 19-79,), que admite o oferecimento de emendas no *iter* informativo das Leis de conversão:

> "...Malgrado la Costítuzíone non disponga nulla di specifico riguardo ai contenuti delle leggi di conversione, e d'uso che tutti questi atti si risolvano in un sintetico articulo unico, secondo il quale un certo decreto

e convertito in legge. Ma una tale struttura non vale affatto ad escludere contro le prime apparenze che le Camere modifichino ed integrino le disposizioni dei decreti-legge. In linea di fatto, al contrario, gli emendamenti ricorrono ormai nella piu parte delle ipotesi, tanto e vero che ne sono esonerati quei soll provvedimenti che non presuppongono importanti opzioni di politica legislativa. E resta fermo, anche in linea di diritto, che la conversione e il portato di leggi sostanziali e non meramente formali, sia pure nel senso proccedurale del termine; poiche. sarebbe assurdo ritenere che il Parlamento sia rigidamente vincolato dalle scelte iniziali del Governo, dovendo limitarsi ad approvarne o disapprovarne in blocco gli atti provvisori con forza di legge (per quanto complessa sia la loro normativa), proprio quando e chiamato a restaurare l'ordine naturale delle competenze, attraverso l'esercizio della sua potestà legislativa.

Se dunque si volessero impedire o circoscrivere speci-ficamente le modifiche apportabili in sede di conversione dei decreti-legge, non basterebbero allo scopo le leggi ordinarie. ne i regolamenti parlamentari (cui certi autori vorrebbero invece lasciare la soluzione dei problema), ma sarebhe indispensable una revisione costituzionale. Politicamente, tuttavia, ipotesi del genere si vanno facendo tanto mero probabili, quanto piu prevale in seno al Parlamento la logica assembleare della legislazione concordata fra le opposizioni e la maggioranza di governo. Non a caso, sono ormai lontani e superati i precedenti formatisi allorche la Presidenza della Camera dei deputati riteneva improponibili emendamenti intesi ad estendere l'ambito di applicazione dei decreti-legge. La prassi piu recente ha invece subito una tale inversione di tendenza, che negli articoli unici delle leggi di conversione vengono a volte introdotti interi titoli o capi affatto nuovi; sicche il decreto-legge da convertire finisce col rappresentare poco piu di un pretesto per riprendere in esame si ala matéria che quel provvedimento ha regolato sia le materie connesse o comunque circostanti. Rimane cosi priva di ogni fondamento quella immotivata opinione dottrinale per cui le leggi di conversione non potrebbero mutare — nemmeno per il futuro il senso e l'oggetto dei relativi decreti: mentre in sua vece si afferma, giustamente, la tesi che le Camere hanno la facoltà di ampliare o restringere la portata dei decreti stessi, nella medesima misura normalmen te consentita per qualsiasi altro disegno sottoposto alla loro approvazione..."

Lícito, isto sim, será à Mesa ou às Comissões do Congresso, ou de qualquer de suas Casas, não deferir o processamento de emendas estranhas à matéria tratada pelo projeto de conversão ou das que invertam substancialmente seu objeto, providência regimental inteiramente permitida pela boa técnica legislativa.

RECUSA LIMINAR DE PROCESSAMENTO

30. As medidas provisórias, uma vez editadas pelo Presidente da República, deverão ser por este submetidas, para efeito de ratificação ou conversão em lei, à decisão política do Congresso Nacional. Esse procedimento constitucional torna necessária a apreciação legislativa da medida praticada, cujo conhecimento formal não poderá ser subtraído ao Congresso Nacional, sob pena de grave ofensa à sua competência institucional.

A instauração do procedimento de conversão ou ratificação, na instância parlamentar, consubstancia ato obrigatório, irrecusável e constitucionalmente vinculado,

O controle político desse ato presidencial insere-se nas atribuições *indisponíveis* do Poder Legislativo.

Assim, encaminhado o ato cautelar à apreciação legislativa, assiste ao Congresso Nacional o poder de aprová-lo com ou sem emendas, transformando-o em lei, ou de rejeitá-lo.

Questões prejudiciais referentes à constitucionalidade, ou não, da medida provisória, poderão, até, influir e condicionar a decisão plenária do órgão parlamentar. Jamais legitimarão, no entanto, a ocorrência de incidentes procedimentais que impeçam a regular instauração do processo de conversão ou, então, operem a sua anômala extinção, sem possibilidade de apreciação do ato pelo Plenário do Congresso Nacional.

Em suma, a liminar recusa pela Mesa do Congresso de deferir o processamento da medida provisória configura procedimento arbitrário, vulnera de modo frontal, o poder-dever do Congresso Nacional de discuti-lo e votá-lo.

RATIFICAÇÃO DA MEDIDA PROVISÓRIA

31. Nada impede, porém, que o Congresso, em vez de recorrer ao projeto de conversão, apenas ratifique a medida provisória, transformando-a em lei diretamente, quando tratar-se de matéria simples ou não controvertida. Neste caso, o procedimento, após a aprovação, será apenas de redação, posto que onde estiver escrito "esta ou nesta medida provisória", a ratificação direta deverá alterar para "esta ou nesta lei". A ratificação imediata da medida provisória exclui o projeto de conversão (RAO, *op. cit.*, p. 180) e, neste caso, a medida não será emendada e dispensa, por isto mesmo, a sanção. A experiência italiana admite emendas somente ao projeto de conversão, este, sim, sujeito à sanção, se aprovado.

ANEXO A
PARECER SAULO RAMOS (SR-92), CONSULTOR-GERAL DA REPÚBLICA, DE 21.06.1989 | 161

AUSÊNCIA DE CONVERSÃO E DISCIPLINA DAS RELAÇÕES JURÍDICAS

32. Rejeitado o projeto de lei de conversão, expressamente, por deliberação congressual explícita, operar-se-á a perda de eficácia *ex tunc* da medida provisória. A disciplina das relações jurídicas formadas com base no ato cautelar não convertido em lei constitui obrigação indeclinável do Congresso Nacional, que deverá regrá-las mediante procedimento legislativo adequado, iniciado imediatamente após a rejeição, quando não houver reapresentação de outra sobre a mesma questão.

Como a normação extraordinária, veiculada instrumentalmente por medida provisória, mantém relação de identidade temática com o conteúdo das leis, torna-se importante referir a necessidade de lei para o regramento das relações jurídicas emergentes do ato não convertido.

A edição de lei, nessa circunstância, atua como condição indispensável para o válido disciplinamento das relações de direito, formadas a partir da medida provisória, a cujo projeto de conversão em lei se negou aprovação.

A inércia do Congresso Nacional, quando eventualmente deixar de adimplir o encargo que lhe impôs a Lei Maior, caracterizará típica hipótese de comportamento *inconstitucional por omissão*, hoje passível de controle jurisdicional concentrado mediante ação direta ajuizável perante o Supremo Tribunal Federal (ver *CF/88*, artigo 105, § 2º).

A desvalorização da Constituição escrita, nos Estados democráticos contemporâneos, representa um processo de ilegítima modificação do estatuto fundamental, que tem, na inatividade consciente e voluntária dos Poderes constituídos, um dos instrumentos mais lesivos da ordem jurídica estabelecida.

Para Anna Cândida da Cunha Ferraz (ver *Processos informais de mudança da Constituição*. São Paulo: Max Limonad. p. 217-218, 230-231),

"A Constituição, obra de um Poder mais alto, solenemente promulgada, destina-se a ser efetivamente observada, cumprida e aplicada.

....

E, com efeito, se se aceita a Constituição como obra de compromisso posta pelos constituintes no exercício do Poder Constituinte Originário, que lhes é conferido pelo povo, é de se esperar que a Constituição escrita seja aplicada plenamente, em especial pelos detentores dos Poderes constituídos: Legislativo, Executivo e Judiciário que, em regra, são titulados, pelo constituinte, guardiães da Constituição.

Não obstante, a realidade constitucional revela contínua inobservância, pelos Poderes constituídos, das regras e disposições constitucionais.

....

A inércia caracteriza-se pela não aplicação *intencional, provisória mas prolongada*, das disposições constitucionais pelos poderes incumbidos de lhes dar cumprimento e execução.

Configura inegável processo de mudança constitucional; embora não altere a letra constitucional, altera-lhe o alcance, na medida em que paralisa a aplicação constitucional. Tal paralisação, não desejada ou prevista pelo constituinte, é de ser tida como *inconstitucional*.

Afeta, também, o sentido da Constituição...".

Essa advertência não pode ser ignorada por todos quantos sejam depositários do poder político do Estado.

A extrema gravidade de que se reveste a inércia apontada, caracterizada pela abstenção legiferante do Congresso Nacional, que deixa de disciplinar, *por lei*, as relações jurídicas decorrentes das medidas provisórias não convertidas, projeta-se no plano das relações jurídico-sociais, com sérias implicações.

DISCIPLINA DAS RELAÇÕES JURÍDICAS POR LEI

33. Inobstante, houve, entre nós quem sugerisse o decreto legislativo como instrumento para o Congresso disciplinar aquelas relações jurídicas, quando não aprovadas ou não convertidas as medidas cautelares.

A sugestão não procede. Resultou, talvez, da simples comparação dos textos brasileiro e italiano, pois este diz que o parlamento pode *"regolare con legge i rapporti giuridici sorti sulla base dei decretti non convertiti"*.

Nosso constituinte, ao reproduzir o texto da Constituição da Itália, omitiu a expressão *"con legge"*, o que levou alguns intérpretes a pensarem que não havendo no texto brasileiro referencia à lei, o meio de disciplina pelo Congresso seria, necessariamente, o decreto legislativo.

É grave o engano. Se cabe ao Congresso disciplinar *relações jurídicas*, somente por lei poderá fazê-lo, porque "ninguém será obrigado a fazer ou deixar de fazer alguma coisa senão em virtude de lei".

Relações jurídicas decorrentes de medida provisória incursionarão por todos os campos do direito, público e privado, sobretudo em função das situações urgentes de crise econômica, a afetar contratos, mercado de capitais, abastecimento, comércio, etc.

Nosso constituinte não repetiu a expressão *"con legge"* no artigo 62 da Constituição, porque entendeu a despicienda, pois relações jurídicas privadas, ou entre o cidadão e o Estado, ou públicas, fora do elenco do artigo 49 do Estatuto Maior, somente por lei podem ser disciplinadas.

Ademais, o artigo 48 da Constituição diz caber ao Congresso Nacional dispor sobre todas as matérias de competência da União (entre elas as relações jurídicas decorrentes de medida provisória), com a *sanção do Presidente da República*.

Dispensada é a sanção somente para as matérias de *competência exclusiva do Congresso Nacional* (artigo 49), expressamente elencadas em vinte e sete itens, entre os quais não se encontra qualquer referência à medida provisória ou à disciplina das relações jurídicas dela decorrentes.

Logo, a disciplina de que trata o parágrafo único do artigo 62 tem na lei, como competência do Congresso, seu instrumento jurídico idôneo. De seu processo de formação, co-participará o Presidente da República, pelo exercício da competência constitucional de que dispõe para sancionar ou vetar os projetos de lei.

Ocorrendo a rejeição da medida provisória, ou sua caducidade, e na hipótese de o Poder Executivo conformar-se ou concordar com a deliberação congressual negativa, deixando de reapresentá-la, deve "o Congresso disciplinar as relações jurídicas dela decorrentes". Temos ai regra obrigatória de iniciativa de lei.

Se o Congresso Nacional deixar de exercê-la, incorrerá, como vimos, em inconstitucionalidade por omissão, pois, neste particular, nosso constituinte foi mais severo: enquanto a Constituição italiana estabelece regra facultativa (*"Le Camere possono..."*), a Constituição brasileira usou a expressão "devendo o Congresso...".

Manoel Gonçalves Ferreira Filho corretamente assim discorre sobre esta questão:

> "É indubitável, todavia, que o texto mencionado permite que o Congresso Nacional, ao rejeitar as medidas provisórias, discipline 'as relações jurídicas delas decorrentes'. Isto significa que ele pode regular as conseqüências de medida provisória, reconhecendo-lhes, no todo ou em parte, validade. A situação, então, muito se assemelhada à que a Constituição anterior previa, no art. 55, § 2º, em relação aos decretos leis não aprovados. *Entretanto, como se trata de uma exceção, apenas em deliberação expressa, por via de lei, poderá o Congresso Nacional reconhecer validade a ato praticado com base cm medida, provisória não aprovada. Esta é, aliás, a solução prevista na parte final do art. 77 da Constituição da Itália."* (op. cit.).

LEIS DE CONVERSÃO E SUAS EMENDAS: A QUESTÃO DA RETROATIVIDADE

34. Ratificada a medida ou aprovado o projeto de conversão — e concluído o procedimento legislativo nos termos da disciplina ritual estabelecida pela Constituição, dar-se-á a transformação da *medida provisória* — ato cautelar, precário e instável — em *lei* — ato principal, definitivo e estável.

35. As leis de conversão, sujeitas ao mesmo regime jurídico constitucional dos atos legislativos, vigoram ressalvadas disposições em contrário a partir da data de sua publicação. Não lhes é ínsita e nem virtual a cláusula de retroatividade. A sua vigência, pois, é *ex nunc.* O efeito retroativo das leis é excepcional e não se presume. Para que opere, deve resultar de norma legal expressa e respeitar a intangibilidade de situações jurídicas definitivamente constituídas (ver Revista Forense, v. 102/72, 144/166, 153/695; Revista dos Tribunais, v. 218/447). Em princípio, as leis não devem retroagir, eis que são editadas para reger situações futuras. Os fatos pretéritos escapam, *ordinariamente,* ao domínio normativo das leis (ver *Revista dos Tribunais,* v. 299/478).

As leis de conversão possuem caráter prospectivo. Regem situações futuras, posto que os *facta praeterita* já constituíram objeto de normação pela própria medida provisória, O ato de conversão, que envolve uma deliberação afirmativa do Congresso Nacional, já produz como primeira de suas conseqüências, a validação de todos os atos praticados com fundamento na medida provisória convertida. Daí, o magistério de G. Balladore Pallieri (ver *Diritto Costituzionale.* 11ª ed. Milano: Giuffre, 1976. p. 282, n. 85):

> "La legge di conversíone ha due distinti uffici: in primo luogo di *convertire* in disposizioni di legge le disposizioni contenute nel decreto-legge; ossia di emanare una legge il cui contenuto e identico a quello del decreto-legge, in secondo luogo, di *convalidare* il decreto-legge..."

Saliente-se, neste ponto, que as medidas provisórias, embora guardem relação de acessoriedade e causalidade com as leis de conversão, com estas não se confundem. São, ambas, espécies normativas autônomas, sujeitas a disciplina jurídica própria, constituindo, cada qual, um título jurídico apto a gerar os efeitos autorizados pelo ordenamento positivo. A superveniência das leis de conversão não se reduz, a mera substituição das medidas provisórias. Antes, pelo contrário, ocorre, em hipótese tal uma novação de fontes e de títulos jurídicos. Medidas provisórias e leis de conversão possuem, em conseqüência, âmbitos temporais de vigência e de eficácia próprios. Isso, porém, não significa que as leis de conversão não possam ter, sob o seu domínio, os fatos do passado. Observe se que a Constituição não impede que o Estado prescreva leis retroativas. Veda, apenas, que o efeito retroativo das leis vulnere a coisa julgada, o ato jurídico perfeito e o direito adquirido. Ressalvadas estas três situações — intangíveis em face da ação legislativa do Congresso Nacional —, cuja proteção deriva da necessidade de segurança das relações jurídicas, torna-se lícito ao Poder Público editar normas dotadas de eficácia retroativa, sobretudo quando não tenha havido continuidade de vigência do mandato legal, isto é nas hipóteses do projeto de conversão vir a ser aprovado depois de cessada a vigência da medida.

Desse modo, inexiste qualquer obstáculo — respeitadas as situações constitucionalmente protegidas — a que o Congresso Nacional, ao longo do procedimento, de conversão, introduza, no projeto que objetiva a transformação de medida provisória em lei, emenda dotada de eficácia retroativa ou declaratória de validade dos atos praticados na vigência da medida cautelar.

A questão da retroatividade das emendas tem sido amplamente discutida pela doutrina constitucional italiana. Livio Páladin (ver *op. cit.*, p. 88), ao admitir a possibilidade daquele efeito, realça-lhe o caráter excepcional, porem lícito:

> "Bisogna aggiungere, infine, che la retroauività degli emendamenti introdotti nel corso della conversione dei decreti-legge rappresenta comunque alcunche di eccezionale. Se il legislatore non manifesta con chiarezza sia pure implicitamente, la volontà di far retroagire le disposizioni modificatrici, si deve infatti presumere che esse non si impongano se non per il futuro."

Esta observação tem maior relevância para a composição de situações criadas pela perda de eficácia da medida provisória, quando não reeditada e quando o projeto de conversão venha a ser aprovado depois de cessada a vigência da medida. Nesta hipótese, convém que o legislador determine expressamente quais os dispositivos que retroagirão, observadas sempre as vedações constitucionais do direito adquirido, do ato jurídico perfeito e da coisa julgada.

É outra a circunstância criada pela reedição da medida provisória quando dá continuidade à mesma norma jurídica, não importando que a primeira, por não aprovada, tenha perdido eficácia *ex tunc*, posto que a segunda prorroga o provimento de urgência cujo sentido é antes de tudo, cautelar.

Não seria muito lógico entender-se que a reedição colocaria a nova medida a uma distância de trinta dias da primeira pelo recuo da perda de eficácia desta. Considere-se, ainda, que a conversão em lei da segunda ou terceira medida sobre a mesma questão legal é a maneira mais eficiente que terá o Congresso para compor as relações jurídicas decorrentes da perda de eficácia da primeira, se assim entender-se.

Maior cuidado inspira uma outra hipótese: quando o projeto de conversão, mesmo votado no prazo de trinta dias, altera o texto da medida provisória sendo lógico supor que o texto primitivo perde, neste caso, a eficácia *ex tunc*, sobretudo se o legislador, ao alterá-lo, não dispuser sobre a retroatividade ou não declarar válidos os atos praticados na vigência dele, embora de forma geral, deve-se ter sempre presente a lição de Pallierí: a conversão em lei e, em princípio, a convalidação da medida.

A regra, porém, não pode ser absoluta. Há hipótese em que não há propriamente alteração do texto e, sim, emenda aditiva, que acrescenta algo mais ao texto da medida, sem, contudo, alterá-lo. Neste caso, o conteúdo da norma não alterado teve continuidade de vigência sucessiva na parte adotada pela lei em que se converteu. Exemplo disto, já tivemos entre nós em várias medidas transitórias transformadas em lei.

Para ilustrar, veja-se a Medida Provisória nº 51, de 27 de abril de 1989, convertida na Lei nº 7.769, de 26 de maio de 1989. O artigo IV da medida foi editado com a seguinte redação:

> "Art. 1º Fica o Ministro da Fazenda autorizado a rever, em caráter especial, o congelamento de preços, bem assim liberar os preços de produtos ou serviços específicos, inclusive por setor, e os contratos de qualquer natureza."

Ao converter em lei esse dispositivo, o Congresso Nacional deu-lhe a seguinte redação:

> "Art. 1º Fica o Ministro da Fazenda, em caráter especial, autorizado a rever o congelamento e a liberar os preços de produtos, serviços e contratos de qualquer natureza, inclusive setorialmente, bem *assim os salários, vencimentos, soldos, proventos, aposentadorias e demais remunerações de assalariados, a que se referem os artigos 5º e 18, parágrafo 1º da Lei nº 7.730, de 31 de janeiro de 1989*" (Grifei a parte acrescida).

Houve quem entendesse ter a nova redação revogado a medida provisória e que tal revogação teria efeito *ex tunc*, não sendo, em conseqüência, válidos os atos praticados pelo Ministro da Fazenda na vigência da Medida Provisória 51/89 e que tais atos somente poderiam ser praticados a partir da publicação da lei. Não me parece correta a interpretação cerebrina e tecnicista que leve a conseqüência ilógica ou absurda.

O conteúdo da primeira parte do analisado artigo 1º foi mantido pela lei, com alterações insignificantes de forma relacional. Não houve, portanto, solução de continuidade do comando legal substituído por outro comando legal de igual teor. São válidos, pois, os atos do Ministro da Fazenda praticados na vigência da medida antes da conversão em lei, posto que· esta deu continuidade à vigência do conteúdo normativo. Neste caso, a situação jurídica é idêntica ã revogação de uma lei por outra, quando a lei revogadora repete dispositivos da lei revogada.

No caso examinado, o Ministro da Fazenda estaria autorizado, a partir da lei, a praticar outros atos, isto é, aqueles que foram acrescidos à autorização legislativa, tais como rever salários, vencimentos, soldos, etc.

Se enveredarmos para o entendimento oposto, o processo legislativo brasileiro iniciado por medida provisória irá infernizar a sociedade pela insegurança e confusão nas explosões de dúvidas sobre cessação, ou não, de vigência de normas cautelares legislativas convertidas em lei com alterações redacionais meramente formais.

Tenha-se em mente que a medida provisória é providência preventiva, cautelar e antecedente nos casos de urgência até que a prestação legislativa principal venha a dispor sobre a matéria definitivamente.

Não seria jurídico, nem civil, entender-se que a cautela perde a eficácia *ex tunc* se o provimento definitivo alterou alguns pontos após o exame do Congresso, posto que tal entendimento cercearia a liberdade do órgão legislativo e descaracterizaria os fundamentos científicos das medidas cautelares.

RENOVAÇÃO DE MEDIDA PROVISÓRIA NÃO CONVERTIDA

36. A rejeição da proposição que objetiva a conversão do ato cautelar em lei *não inibe* o Presidente da República — único órgão constitucionalmente legitimado a agir de editar sobre o *mesmo* tema *nova*

medida provisória, desde que presentes os pressupostos constitucionais de emanação dessa espécie normativa.

37. Entendimento diverso *fraudaria a mens* contida na regra constitucional, que pretendeu atender com a medida provisória — ainda que em caráter de excepcionalidade — situações emergenciais incompatíveis com o procedimento ordinário de formação das leis.

38. A rejeição parlamentar, nessa hipótese, não possui eficácia extintiva das razões de necessidade, urgência e relevância que justificaram a edição da medida provisória, sendo, por isso mesmo, insuficiente para inibir, em face da própria Constituição, o exercício dessa extraordinária competência presidencial.

39. A deliberação congressual negativa não opera, por si só, a descaracterização, de um possível estado de *urgência perdurante*, a juízo, *inicial*, do Presidente da República.

É importante, neste passo, conferir a doutrina italiana, posto que a matriz da regra constitucional brasileira reside, precisamente, como salientado, no artigo 77 da Constituição peninsular, que se reproduziu, nesse ponto, quase literalmente entre nós. Convém, pois, considerarmos os quarenta e um anos na experiência institucional italiana nesta matéria, posto que os textos constitucionais, no tema em analise, são substancialmente idênticos no conteúdo.

40. Livio Paladin (Ver *Commentario della Costituzione*: La Kormazione delle leggi. Bologna: Nicola Zanichelli, 1971. t. II, p. 62) acentua a possibilidade da reedição do ato normativo excepcional, *verbis*:

> "... Appunto in quella occasione sono state discusse e respinte le pregiudiziali delle opposizioni, chi sostenevano l'inconcepibilitá di un'urgenza perdurante oltre il termine di decadenza del primo provvedimento governatio e ritenevano comunque preclusivo il fatto della mancata conversione. E invece *prevalsa l'idea che i presupposti giustificativi possano bene permanere ed anzi aggravarsi con l'andare del tempo, se non altro in situazioni di crisi econômica ...*" (Grifei).

41. Com maior razão, quando se tratar de medida provisória cujo projeto de conversão em lei, *não tendo sido objeto de* expressa *recusa parlamentar*, houver deixado de merecer apreciação no prazo constitucional.

42. A *inertia deliberandi*, por envolver uma concreta ausência de decisão, não pode configurar situação análoga à da rejeição do projeto de conversão em lei da medida provisória.

Essa circunstância, destarte, não legitima qualquer objeção, em tese, que pudesse manifestar-se, até validamente, com fundamento num ato de *explícita* rejeição do projeta de conversão. Mesmo a desaprovação pelo voto de maioria simples não restringe, como já vimos, a prerrogativa constitucional do Presidente da República de entender que permanecem as condições de urgência.

A discordância pode ser eventual, dependendo da composição do *quorum* no dia da votação, circunstância episódica e alterável na apreciação de nova medida de igual conteúdo, seja pelo comparecimento de outros parlamentares, ausentes nas deliberações negativas, seja pelo convencimento dos próprios congressistas em decorrência dos debates, pela sociedade, posteriores à recusa.

43. Na hipótese simples de caducidade — decurso *in albis* do lapso temporal de 30 dias — não há que se cogitar de rejeição ficta ou tácita da proposição, "soprattuto nelle numerose ímpotesi in cui la decadenza dei decreto sia dovuta a manovre ostruzionistiche..." (ver *Livio Paladin, op. cit.*, p. 62-63).

44. A possibilidade de reproduzir medidas provisórias não convertidas em lei não deve ser liminarmente excluída, como pretendem alguns.

45. Vários podem ser os motivos que levem o Presidente da República a renovar o ato cautelar. Daí, a sensata observação de Vittorio Diciolo (ver *Questioni in tema di dicreti-legge*: parte prima. Milano: Giuffre, 1970. p. 198):

> "Per tali conisideraziom il quesito se sia legitimo riprodurre, mediante decreto-legge, il contenuto di un decreto-legge non convertido dalle Camere, non puo probabilmente ricevere una risposta univoca e valida per tutti i casi".

Logo, a regra é a da reapresentação, que vale, sempre, como pedido de reconsideração, um tipo de recurso infringente do julgamento pela maioria simples.

46. Não se pode, igualmente, proibir a reapresentação da medida provisória por aplicação analógica do artigo 67 da Constituição, que impede, na mesma sessão legislativa, o reexame de matéria constante de projeto rejeitado, a não ser mediante proposta da maioria absoluta dos membros de qualquer das Casas do Congresso Nacional.

A excepcionalidade da medida de urgência retira-a do processo legislativo ordinário, tanto que para ela, o constituinte foi claro ao limitar expressamente a conseqüência única da rejeição: perda de eficácia *ex tunc*. Se quisesse obstar a reapresentação teria que ser igualmente explícito: perda de eficácia, vedado o reexame de matéria iguala se objeto de outra medida. Ou, simplesmente, poderia ter feito remissão ao artigo 67.

47. Evidente está que o constituinte não desejou a limitação porque equivaleria a tentar limitar, por lei, a *ocorrência, de fatos urgentes*, repetições ou agravamento de crises econômicas ou financeiras, conflitos sociais repentinos, pois a medida provisória tem na situação de fato — e na circunstância de reclamar ele provimento cautelar urgente — o fundamento de sua edição. Não ingressa no regramento técnico-legislativo que pretende prevenir reiterações contumazes de proposições sem relevância ou sem interesse público.

Quando se admite, no processamento legislativo da medida provisória, o projeto de transformação em lei, não se está submetendo este ao destino das matérias a que se refere o artigo 57, mas, sim, à regra de transformação contida no artigo 62.

Na urgência e relevância, a reapresentação é da medida provisória e o projeto de conversão é conseqüência dela.

Relator da Comissão Mista do Congresso Nacional, designada pelo Senador Nelson Carneiro, o Deputado Nelson Jobim, figura de destaque no nosso Parlamento pelos seus conhecimentos jurídicos, entende que a reapresentação de medida provisória idêntica à que tenha sido expressamente rejeitada por deliberação do Legislativo, não deve ser admitida, mas concorda com a reapresentação se a nova medida, embora tratando da mesma matéria, dê-lhe tratamento diferente:

> "A segunda medida não traz, em seu conteúdo, a questão que levou à rejeição da primeira, pelo que será esta segunda medida examinável, plenamente, pelo Parlamento."

Trata, igualmente, o nobre e culto Deputado, dos casos de rejeição por omissão do Congresso ou, como diz, "que seja uma mera não decisão, com efeitos decadenciais puros".

Ao admitir a reapresentação, faz correta observação nos seguintes termos:

> "Na ausência da lei complementar e diante da necessidade de tomada inadiável de uma decisão, entendemos, transitoriamente, até o advento da mencionada lei, pela admissão da reedição da medida, mesmo porque somente a lei complementar pode disciplinar o exercício de um direito subjetivo constitucional."

48. Por não ser a medida, em si mesma, um projeto, sua reapresentação não é outro projeto tratando de matéria igual, mas novo ou confirmado provimento cautelar urgente para uma situação relevante de emergência, que se não confunde com reiterações ordinárias de questões irrelevantes,
A invocação do artigo 67, por analogia, viria a criar situação esdrúxula: a medida provisória, não sendo projeto, poderia ser reapresentada e o projeto de conversão, se rejeitado, não poderia ser repetido.
Com isto, limitar-se-ia a atuação do Congresso, posto que na reapresentação da medida teria ele que decidir apenas pela ratificação direta ou pela recusa, afastando-se o direito constitucional de oferecer emenda, já que, pelo artigo 67, outro, projeto seria vedado.

49. Se há a situação de urgência, se ela perdura ou se agrava, enquanto Executivo e Legislativo divergem sobre os critérios para resolvê-la ou formas de enfrentá-la, maior razão existe para, através da reapresentação de medidas provisórias, manter-se o provimento cautelar até que haja decisão final de mérito.

50. Em face do que se expôs, preconizo solução que considere a legitimidade constitucional da reedição de medidas provisórias não convertidas em lei:
a) desde que não tenham sido objeto de expressa rejeição congressual; ou
b) mesmo que explicitamente rejeitadas, ainda subsistam as razões justificadoras de sua emanação (urgência e relevância da matéria).

51. As convertidas em lei pela ratificação direta dispensam a sanção. Se, porém, a conversão se der através de projeto de transformação em lei, sujeito a emendas, deverá subir à sanção do Presidente da República, nos termos do artigo 48 da Constituição brasileira.

DIFERENÇAS INSTITUCIONAIS ENTRE O MODELO COMPARADO E O BRASILEIRO

52. Há, finalmente, particularidades que impõem, ao Congresso e a todos os interessados no aperfeiçoamento de nossas instituições, serena e profunda reflexão;
a) *Reapresentação de medidas provisórias rejeitadas*
Na Itália, de onde importamos o texto constitucional referente à matéria analisada, o sistema de Governo é parlamentar. Nas eventuais

crises legislativas, com sucessivas reapresentações e rejeições, entre Executivo e Legislativo, o impasse é resolvido, conforme o caso, pela queda do Gabinete ou dissolução da Câmara dos Deputados. Na Alemanha, embora sob regime parlamentar, essa questão foi parcialmente solucionada com a possibilidade de aprovação do projeto por decurso de prazo, desde que sua reapresentação tenha sido precedida da decretação do estado de emergência legislativa. Mas, no Brasil, o sistema presidencial de Governo exige maior cautela nas regras de procedimento, a fim de que uma simples divergência sobre o mérito de uma ou outra medida provisória não sirva de pretexto para crise política entre os dois Poderes, exigindo a intervenção do Judiciário em questão legislativa ou, antes, em incidentes do processo legislativo.

b) *Prazo de validade de 30 dias*

O constituinte brasileiro de 1988, emocionalmente motivado contra o decreto-lei da Constituição antiga (o prazo de apreciação congressual era de 60 dias), reduziu-o, drasticamente, para 30 dias.

Ocorre, porém, que a medida provisória, por nós adotada, reproduziu, em essência, o modelo italiano atual e, como instituto constitucional, difere, substancialmente, do nosso antigo decreto-lei.

Na Itália, o prazo de validade é de 60 dias e mesmo assim, o Parlamento daquele país entende-o muito curto, havendo já quem defenda reforma constitucional para dilatá-lo.

Isto porque a medida provisória, tal como concebida hoje na Itália e no Brasil, é apenas medida legislativa cautelar e a transformação em lei, pelo Congresso, deveria oferecer melhores condições de tempo em benefício do debate e do aperfeiçoamento de mérito no projeto de transformação.

No lapso de trinta dias, bastante exíguos ficarão os prazos procedimentais da transformação em lei, os prazos para apresentação de emendas e pareceres, os prazos para redação final, posto que tudo, inclusive a subida do autógrafo para sanção, terá que se processar *antes do trigésimo dia*, para evitar solução de continuidade na vigência das normas.

Enfim, a fixação do exíguo prazo de eficácia em trinta dias, para a validade de medida provisória, instituto novo, é contrária ao Congresso e prejudicial à necessária tranqüilidade para dispor, em lei, sobre situações de emergência que justificaram a edição da medida, pois ela, precisamente por ser cautelar, assegura a tranqüilidade da deliberação legislativa, porquanto afastado estará, por ela própria, o *periculum in mora* durante o prazo de sua validade. Este aspecto, a meu ver, reclama correções substanciais na próxima revisão constitucional.

c) *Disciplina da transformação em lei*

53. Quanto à disciplina concernente à elaboração da lei em que se converterá a medida provisória, creio que, nos aspectos que considerem os pressupostos de sua edição ou dispuserem sobre considerações de mérito, não poderá ser tratada em nível regimental, que se limita ao procedimento, mas, sim, na lei complementar prevista, para tanto, no parágrafo único do artigo 59 da Constituição, exigência constitucional assim expressa: "Lei Complementar disporá sobre, a elaboração, redação, alteração e consolidações das leis", conforme lembrou, e bem, o deputado Nelson Jobim.

Não se trata de uma simples *barríere de papier* (Napoleão), mas de um comando da Lei Maior a partir do qual "l'Etat existe" (Bordieau).

Estas, Senhor Presidente, as considerações sobre a consulta de Vossa Excelência, registrando-se, por necessário, que a aprovação deste Parecer não influirá na livre orientação que o Congresso vier a tomar na matéria e sobretudo na lei complementar preconizada, mas, no que for pertinente, servirá de orientação normativa interna para a Administração Federal, particularmente no que respeita às divergências sobre vigência de normas parcialmente alteradas pelos projetos de conversão, o que tem sido objeto de alguns equívocos nas áreas administrativas do Governo.

É o parecer, SMJ.

Brasília, 21 de junho de 1989 – J. Saulo Ramos, Consultor-Geral da República.

PARECER SR-92
NOTA: A respeito deste Parecer, o Exmo. Sr. Presidente da República exarou o seguinte despacho: De acordo. Em 22.6.89. Publicado na íntegra no *DO* de 23.6.89, p. 10180.

ANEXO B

Resolução nº 1 de 1989-CN [1]

Dispõe sobre a apreciação, pelo Congresso Nacional, das Medidas Provisórias a que se refere o art. 62 da Constituição Federal.

Art. 1º O exame e a votação, pelo Congresso Nacional, de Medidas Provisórias adotadas pelo Presidente da República, com força de lei, nos termos do art. 62 da Constituição Federal, será feita com a observância das normas contidas na presente resolução.

Art. 2º Nas quarenta e oito horas que se seguirem à publicação, no Diário Oficial da União, de Medida Provisória adotada pelo Presidente da República, a Presidência do Congresso Nacional fará publicar e distribuir avulsos da matéria, e designará Comissão Mista para seu estudo e parecer.

§1º A Comissão Mista será integrada por seis Senadores e seis Deputados e igual número de suplentes, indicados pelos respectivos líderes, obedecida, tanto quanto possível, a proporcionalidade partidária ou de blocos parlamentares.

§2º Ao aplicar-se o critério da proporcionalidade partidária prevista no parágrafo anterior, observar-se-á a sistemática de rodízio para as representações não contempladas, de tal forma que todos os partidos políticos ou blocos parlamentares possam se fazer representar nas Comissões Mistas previstas nesta resolução.

§3º A indicação pelos líderes deverá ser encaminhada à Presidência do Congresso Nacional até as doze horas do dia seguinte ao da publicação da Medida Provisória.

§4º Esgotado o prazo estabelecido no parágrafo anterior, sem a indicação, o Presidente do Congresso Nacional fará a designação dos integrantes do respectivo partido.

§5º A Constituição da Comissão Mista e a fixação do calendário de tramitação da matéria poderão ser comunicadas em sessão do Senado ou conjunta do Congresso Nacional, sendo, no primeiro caso, dado conhecimento à Câmara dos Deputados, por ofício, ao seu Presidente.

§6º O Congresso Nacional estará automaticamente convocado se estiver em recesso quando da edição de Medida Provisória, cabendo ao seu Presidente marcar sessão a realizar-se no prazo de cinco dias, contado da publicação da mesma no Diário Oficial da União.

Art. 3º Uma vez designada, a Comissão terá o prazo de 12 horas para sua instalação, quando serão eleitos o seu Presidente e o Vice-Presidente e designado relator para a matéria.

Art. 4º Nos cinco dias que se seguirem à publicação da Medida Provisória no Diário Oficial da União, poderão a ela ser oferecidas emendas que deverão ser entregues à Secretaria da Comissão.

§1º É vedada a apresentação de emendas que versem matéria estranha àquela tratada na Medida Provisória, cabendo ao Presidente da Comissão o seu indeferimento liminar.

§2º O autor de emenda não aceita poderá recorrer, com apoio de três membros da

---

[1] Disponível em:<http://legis.senado.gov.br/legislacao/ListaTextoIntegral.action?id=110117>. Acesso em: 2 jun. 2011.

comissão, da decisão do Presidente para o Plenário desta, que decidirá, definitivamente, por maioria simples, sem discussão ou encaminhamento de votação.

§3º A emenda deverá ser acompanhada de texto regulando as relações jurídicas decorrentes do dispositivo da Medida Provisória objeto da mesma.

§4º Os trabalhos da Comissão Mista serão iniciados com a presença mínima de um terço de seus membros.

Art. 5º A Comissão terá o prazo de cinco dias, contado da publicação da Medida Provisória no Diário Oficial da União, para emitir parecer que diga respeito à sua admissibilidade total ou parcial, tendo em vista os pressupostos de urgência e relevância a que se refere o art. 62 da Constituição.

§1º O parecer, em qualquer hipótese, e sem prejuízo do normal funcionamento da comissão, será encaminhado à Presidência do Congresso Nacional, para as seguintes providências:

I – no caso de o parecer da comissão concluir pelo atendimento dos pressupostos constitucionais, abertura de prazo máximo de vinte e quatro horas para apresentação de recursos no sentido de ser a Medida Provisória submetida ao Plenário, a fim de que este decida sobre sua admissibilidade;

II – no caso de o parecer da comissão concluir pelo não atendimento daqueles pressupostos, convocação de sessão conjunta para deliberar sobre a admissibilidade da Medida Provisória.

§2º O recurso a que se refere o inciso I do parágrafo anterior deverá ser interposto por um décimo dos membros do Congresso Nacional, ou líderes que representem este número.

§3º Havendo recurso, a Presidência convocará sessão conjunta, a realizar-se no prazo máximo de vinte e quatro horas do seu recebimento, para que o Plenário delibere sobre a admissibilidade da Medida Provisória.

§4º No caso do inciso II do §1º, a sessão conjunta deverá ser realizada no prazo máximo de vinte e quatro horas, contado do recebimento, pelo Presidente do Congresso Nacional, do parecer da comissão.

§5º Se, em duas sessões conjuntas, realizadas em até dois dias imediatamente subseqüentes, o Plenário não decidir sobre a matéria, considerar-se-ão como atendidos pela Medida Provisória os pressupostos de admissibilidade do art. 62 da Constituição Federal.

Art. 6º Verificado que a Medida Provisória atende aos pressupostos de urgência e relevância, a matéria seguirá a tramitação prevista nos artigos posteriores. Tida como rejeitada, será arquivada, baixando o Presidente do Congresso Nacional Ato declarando insubsistente a Medida Provisória, feita a devida comunicação ao Presidente da República.

Parágrafo único. No caso deste artigo *in fine*, a Comissão Mista elaborará Projeto de Decreto Legislativo, disciplinando as relações jurídicas decorrentes da vigência da Medida, o qual terá sua tramitação iniciada na Câmara dos Deputados.

Art. 7º Admitida a Medida Provisória, o parecer da Comissão, a ser encaminhado à Presidência do Congresso Nacional no prazo máximo de quinze dias, contado de sua publicação no Diário Oficial da União, deverá examinar a matéria quanto aos aspectos constitucional e de mérito.

§1º A Comissão poderá emitir parecer pela aprovação total ou parcial ou alteração da Medida Provisória ou pela sua rejeição; e, ainda, pela aprovação ou rejeição de emenda a ela apresentada, devendo concluir quando resolver por qualquer alteração de seu texto:

I – pela apresentação de projeto de lei de conversão relativo à matéria;

II – pela apresentação de projeto de decreto legislativo, disciplinando as relações jurídicas decorrentes da vigência dos textos suprimidos ou alterados, o qual terá sua tramitação iniciada na Câmara dos Deputados.

§2º Aprovado o projeto de lei de conversão será ele enviado à sanção do Presidente da República.

Art. 8º Esgotado o prazo da Comissão sem a apresentação do parecer, tanto com referência à admissibilidade da Medida, quanto à sua constitucionalidade e mérito, será designado, pelo Presidente do Congresso Nacional, relator que proferirá parecer em plenário, no prazo máximo de vinte e quatro horas.

Art. 9º Em plenário, a matéria será submetida a um único turno de discussão e votação.

Art. 10. Se o parecer da Comissão concluir pela inconstitucionalidade total ou parcial da Medida Provisória ou pela apresentação de emenda saneadora do vício, haverá apreciação preliminar da constitucionalidade antes da deliberação sobre o mérito. Parágrafo único. Na apreciação preliminar, quando não houver discussão, poderão encaminhar a votação quatro Congressistas, sendo dois contra e dois a favor.

Art. 11. Decidida a preliminar pela constitucionalidade da Medida Provisória ou pela aprovação de emenda saneadora do vício, iniciar-se-á, imediatamente, a apreciação da matéria quanto ao mérito,

Art.12. A discussão da proposição principal, das emendas e sub-emendas será feita em conjunto.

Art. 13. Na discussão, os oradores falarão na ordem de inscrição, pelo prazo máximo de dez minutos, concedendo-se a palavra, de preferência, alternadamente, a Congressistas favoráveis e contrários à matéria.

§1º A discussão se encerrará após falar o último orador inscrito. Se, após o término do tempo da sessão, ainda houver inscrições a atender, será ela prorrogada por duas horas, findas as quais será automaticamente, encerrada a discussão.

§2º A discussão poderá ser encerrada por deliberação do plenário a requerimento escrito de dez membros de cada Casa ou de líderes que representem esse número, após falarem dois senadores e seis deputados.

§3º Não se admitirá requerimento de adiamento da discussão ou da votação da matéria.

Art. 14. Encerrada a discussão, passar-se-á a votação da matéria, podendo encaminhá-la seis Congressistas, sendo três a favor e três contra, por cinco minutos cada um.

Art. 15. Admitir-se-á requerimento de destaque, para votação em separado, a ser apresentado até o encerramento da discussão da matéria.

Art. 16. Faltando cinco dias para o término do prazo do parágrafo do art. 62 da Constituição Federal, a matéria será apreciada em regime de urgência, sendo a sessão prorrogada, automaticamente, até decisão final.

Art. 17. Esgotado o prazo a que se refere o parágrafo único do art. 62 da Constituição Federal, sem deliberação final do Congresso Nacional, a Comissão Mista elaborará projeto de Decreto Legislativo, disciplinando as relações jurídicas decorrentes e que terá tramitação iniciada na Câmara dos Deputados.

Art. 18. Sendo a Medida Provisória aprovada, sem alteração de mérito, será o seu texto encaminhado em autógrafos ao Presidente da República para publicação como lei.

Art. 19. Em caso de notória e excepcional urgência, o Presidente do Congresso Nacional, não havendo objeção do plenário, poderá reduzir os prazos estabelecidos nesta Resolução.

Art. 20. Aplicar-se-ão, ainda, subsidiariamente, na tramitação da matéria, no que couber, as normas gerais estabelecidas no Regimento Comum.

Art. 21. Esta Resolução entra em vigor na data de sua publicação.

Art. 22. Revogam-se as disposições em contrário.

Senado Federal, 2 de maio de 1989.

SENADOR NELSON CARNEIRO
Presidente

ANEXO C

RESOLUÇÃO Nº 2 DE 1989-CN [1]

Dá nova redação ao §1º do art. 2º da Resolução nº 1, de 1989, do Congresso Nacional.

Art. 1º O §1º do art. 2º da Resolução nº 1, de 1989, do Congresso Nacional, passa a vigorar com a seguinte redação:

"Art.2º.."

§1º A Comissão Mista será integrada por sete Senadores e sete Deputados e igual número de suplentes, indicados pelos respectivos líderes, obedecida, tanto quanto possível, a proporcionalidade partidária ou de bloco parlamentares.

....

Art. 2º Esta resolução entra em vigor na data de sua publicação.

Art. 3º Revogam-se as disposições em contrário.

Senado Federal, 4 de maio de 1989.

SENADOR NELSON CARNEIRO
Presidente

---

[1] Disponível em: <http://legis.senado.gov.br/legislacao/ListaTextoIntegral.action?id=110122&norma=132853>. Acesso em: 02 jun. 2011.

SOBRE OS AUTORES

José Alfredo de Oliveira Baracho Júnior
Possui graduação em Direito pela Universidade Federal de Minas Gerais (1990), mestrado em Direito (1993) e doutorado em Direito pela Universidade Federal de Minas Gerais (1998). Realizou estudos de pós-doutorado na *Harvard Law School* (1999). Professor adjunto III da Pontifícia Universidade Católica de Minas Gerais, onde leciona no Programa de Pós-graduação em Direito e no bacharelado em Direito. Possui diversas obras publicadas, bem como artigos científicos publicados no Brasil e no exterior. Advogado e conselheiro secional da Ordem dos Advogados do Brasil em Minas Gerais, tem vasta experiência em Direito Constitucional, Direito Administrativo e Direito Ambiental.
E-mail: josealfredo@oliveirabarachoegodoi.com.br

Eduardo Martins de Lima
Graduado em Direito (2009) e Psicologia (1981). Possui, também, mestrado em Ciência Política (1988) e doutorado em Sociologia e Política pela Universidade Federal de Minas Gerais (2001). Atualmente é professor titular II e Reitor da Universidade FUMEC. Em Ciência Política tem diversas experiências profissionais e acadêmicas nas áreas de estudos eleitorais, partidos políticos e democracia. Tem participado de pesquisas com interfaces entre a Ciência Política, o Direito Constitucional e o Direito Administrativo, em particular focalizadas nas relações entre os Poderes Executivo, Judiciário e Legislativo no Brasil. É autor do livro *Sistemas multipartidários e eleitorais brasileiros em perspectiva comparada* (1945-1964 e 1985-1988), Annablume, 2004 e de diversos artigos em revistas especializadas.
E-mail: edumlima@fumec.br; edumlima@uol.com.br

Virgínia Silame Maranhão Lima
Bacharel em Direito pela Universidade FUMEC (2006). Especialização em Grandes transformações processuais pela Universidade do Sul de Santa Catarina (2008). Atualmente é Coordenadora da Área de Licitações e Contratos de Serviços de Terceiros do Banco de Desenvolvimento de Minas Gerais (BDMG).
E-mail: vivisilame@yahoo.com.br

Matheus Faria Carneiro
Bacharel em Direito pela Universidade FUMEC (2006). Especialista em Direito Público pelo Centro Universitário Newton Paiva (2007). Especialista em Direito Privado pela Universidade Cândido Mendes (2007). Foi Chefe do Serviço da Dívida Ativa da União em Santa Catarina. Atualmente é Procurador da Fazenda Nacional no Estado de Santa Catarina.
E-mail: matheus.carneiro@pgfn.gov.br

Esta obra foi composta em fonte Palatino Linotype, corpo 10
e impressa em papel Offset 75g (miolo) e Supremo 250g (capa)
pela LaserPlus Gráfica.
Belo Horizonte/MG, outubro de 2013.